はじめに

今、世界で日本語を学ぶ小中学校の子どもの数は二〇〇万人を超えています。また、国内の公立学校では四万人以上の外国人児童生徒が日本語指導を必要としています。

これらの子どもたちが、日本語学習においてもっとも苦労しているのは漢字の習得であり、大変なエネルギーが要求されています。楽しく学習ができ、力がついていく漢字教材は、多くの学習者と日本語指導者が待ち望んでいるものだと思います。

公益社団法人国際日本語普及協会では、長年、難民の子どもたちや、公立小中学校やインターナショナルスクールに在籍する外国籍の子どもたちに日本語指導を行ってきた経験から、漢字習得のための多くのノウハウを蓄積してきました。それらのノウハウを基にして、『かんじ　だいすき』(一)〜(六)、『中学に向けて　かんじ　だいすき』国語・算数編／社会・理科編／練習帳　社会・理科編を作成してまいりました。

この度、小学校の配当漢字が、「平成二十九・三十年改訂　学習指導要領」（文部科学省）のもと、二〇二〇年度より変更となりました。これに合わせて、『改訂版　かんじだいすき(六)』を刊行いたします。

多くの日本語を学ぶ子どもたちや指導者の方々にとって一助となることを願っております。

令和二年四月

公益社団法人国際日本語普及協会

この漢字練習帳を使って指導してくださる方に

この漢字練習帳は、日本語を母語としない外国人の児童生徒が勉強するための入門教材です。この教材は小学校の六年生の配当漢字一九一字を取り扱っています。先に出版した『かんじ　だいすき』シリーズの㈠㈡㈢㈣㈤に続くものです。

1　**配当漢字の再構成**
一九一字の漢字をグループ分けし、関連のあるものはまとめて覚えられるようにしました。『かんじ　だいすき㈥』は一課～一三課で構成されています。

2　**語彙単位で導入**
漢字の使い方がわかり、読解力がつくように、漢字一字ずつではなく、語彙単位で導入しました。（例　「穀」ではなく「穀物」）

3　**音読み・訓読みは別々に提出**
音訓を同時に覚えることは、児童生徒にとって負担が大きいと考え、現在使われている教科書を参考に、理解しやすいと考えられる順に、音または訓のいずれかを、まず提出しました。『かんじ　だいすき㈤』までに学習した漢字の読み替えは提出ページの欄外にルビ付きで記載しました。

4　**イラストの活用**

訳語がなくても、イラストで漢字の意味がわかり、また視覚的にも楽しく覚えられるように、イラストを数多く取り入れました。

5　**漢字についての話を入れる**

漢字に関する知識を身につけてほしいとの思いから「漢字の成り立ち」や、「音読み・訓読み」などの話をやさしく書いて入れました。

6　**クイズやかるたを入れる**

これまで学習したものを総合的に、またゲーム感覚で覚えられるようにしました。

7　**昔話を読む**

最後に昔話を入れ、学習した漢字を含むまとまりのある物語を読むことで、達成感を味わえるようにしました。(六)では『つるの恩返し』を入れました。

8　**索引**

「いろいろな読み方」として索引を設け、学習した漢字の場所がわかるようにしました。「読み替え漢字」もまとめて、これまでに学習した場所を明記しました。

9　**学習者の習熟度を確認**

学習者の習熟度が確認できるように、巻末に『かんじ　だいすき(六)』で学習した漢字をまとめました。

「読み」「書き」を別々に掲載

小学校の高学年になり、漢字の量も増え、意味内容もより抽象的で複雑になってきた点を考慮し、『かんじ　だいすき㈣』からは、第一部「読み学習」と、第二部「書き学習」に分けました。

学習目的に応じて「読み練習」「書き練習」を学習する、または両方学習するなどと使い分けられます。

学習にあたって

各課の学習は、次の順序で進めると効果的です。

第一部「読み学習」

1　各課の扉にある「新出漢字」で、漢字の意味と読み方を学習する。

2　次のページで、漢字の意味と読み方を確認する。

3「読み学習」で、文脈の中で漢字を読む練習をする。

第二部「書き学習」

1　漢字の画数、字形、書き順を見ながら、ますに書き、まとまった言葉や短い文を下段に書いて、書き方を勉強する。

2「書き練習」で、文脈の中で漢字を書く練習をする。

尚、『かんじ　だいすき』シリーズ㈠～㈥には、別売りのカード教材がありますのでご活用ください。

目次

【書き学習】

読み学習

一課　体と健康

傷《きず》

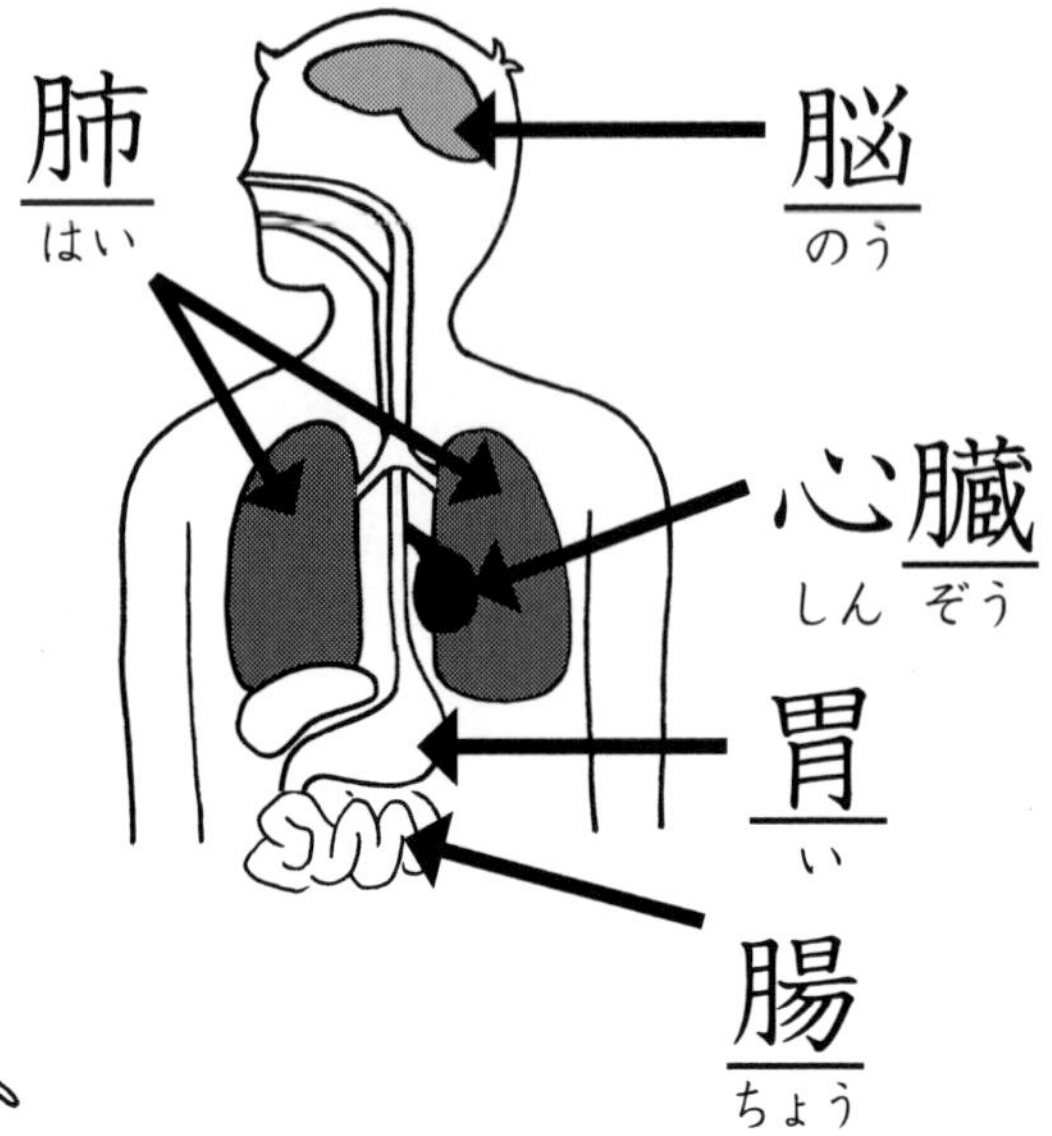
肺《はい》
脳《のう》
心臓《しんぞう》
胃《い》
腸《ちょう》

処置《しょち》をする

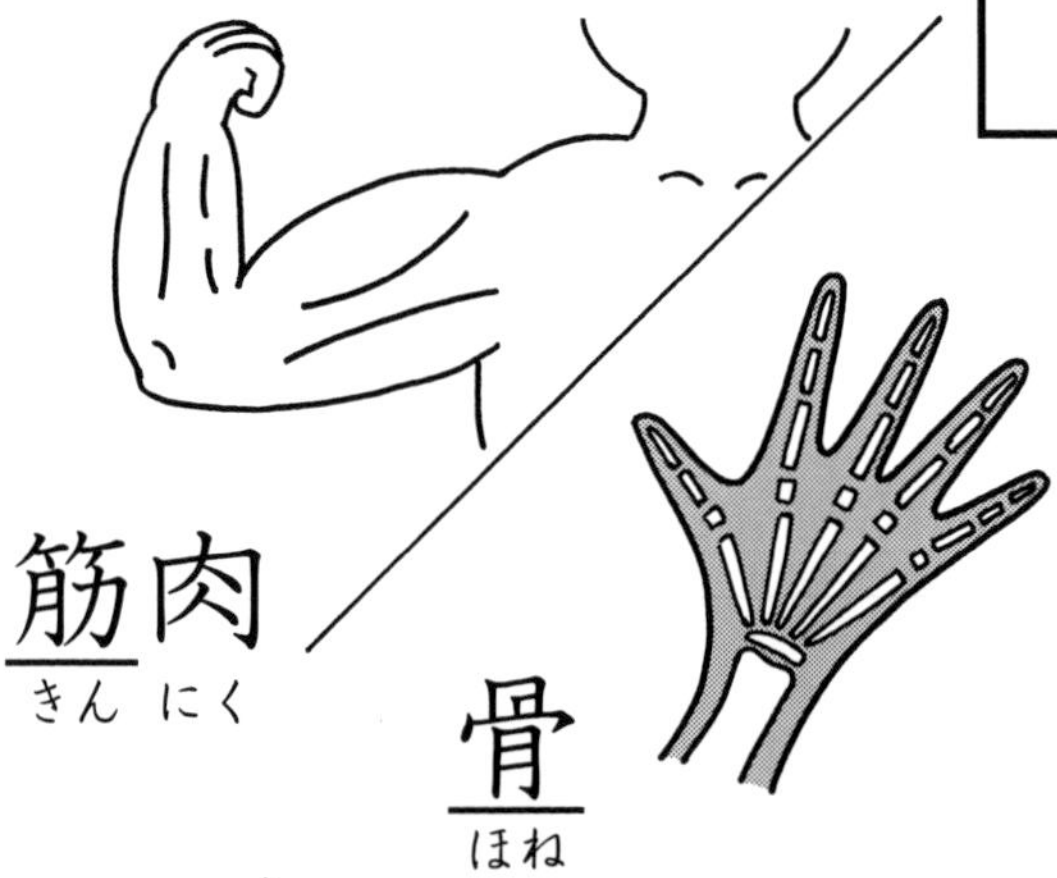
筋肉《きんにく》
骨《ほね》

包帯《ほうたい》を巻《ま》く

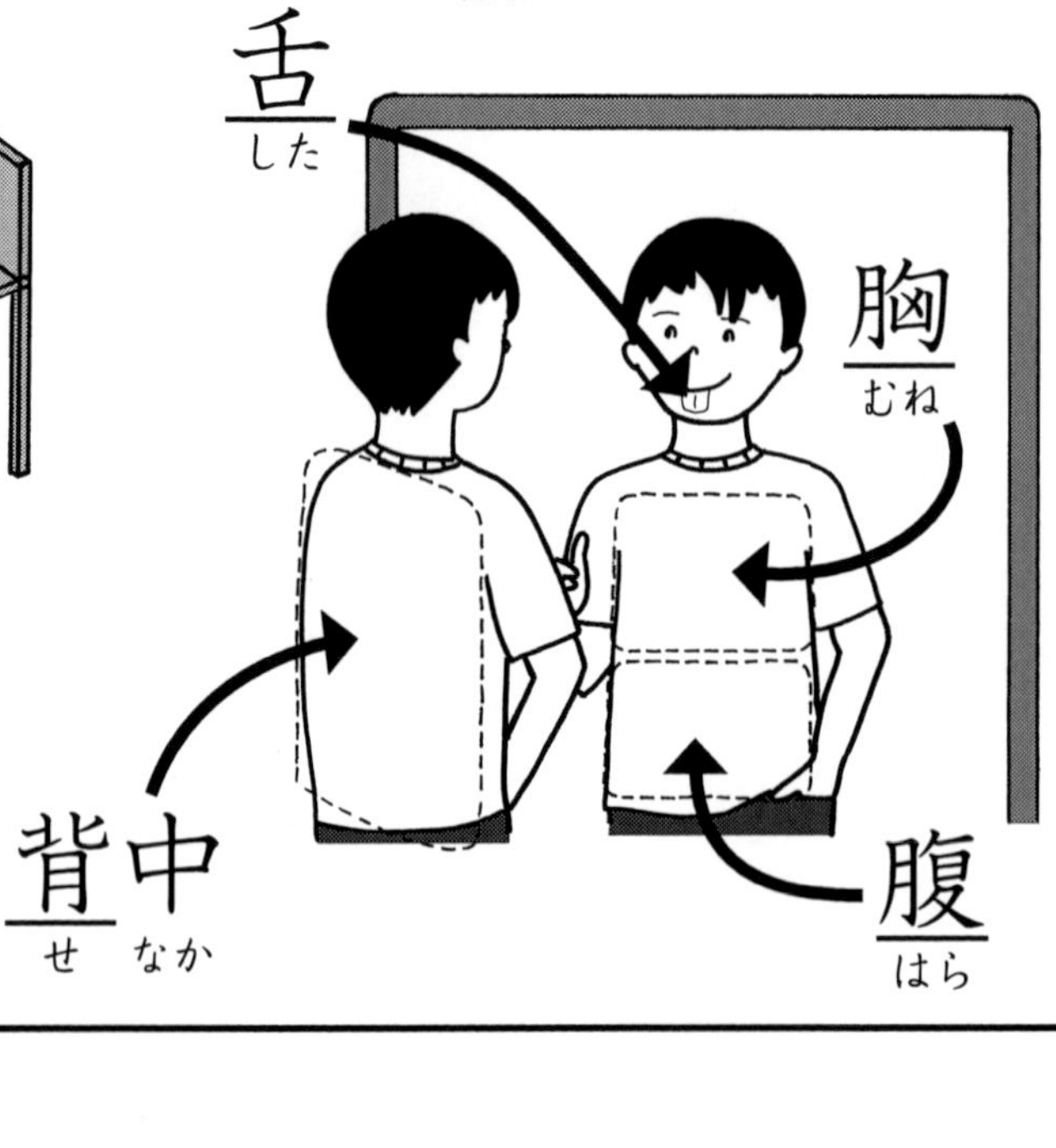
舌《した》
胸《むね》
背中《せなか》
腹《はら》

体《たい》操《そう》

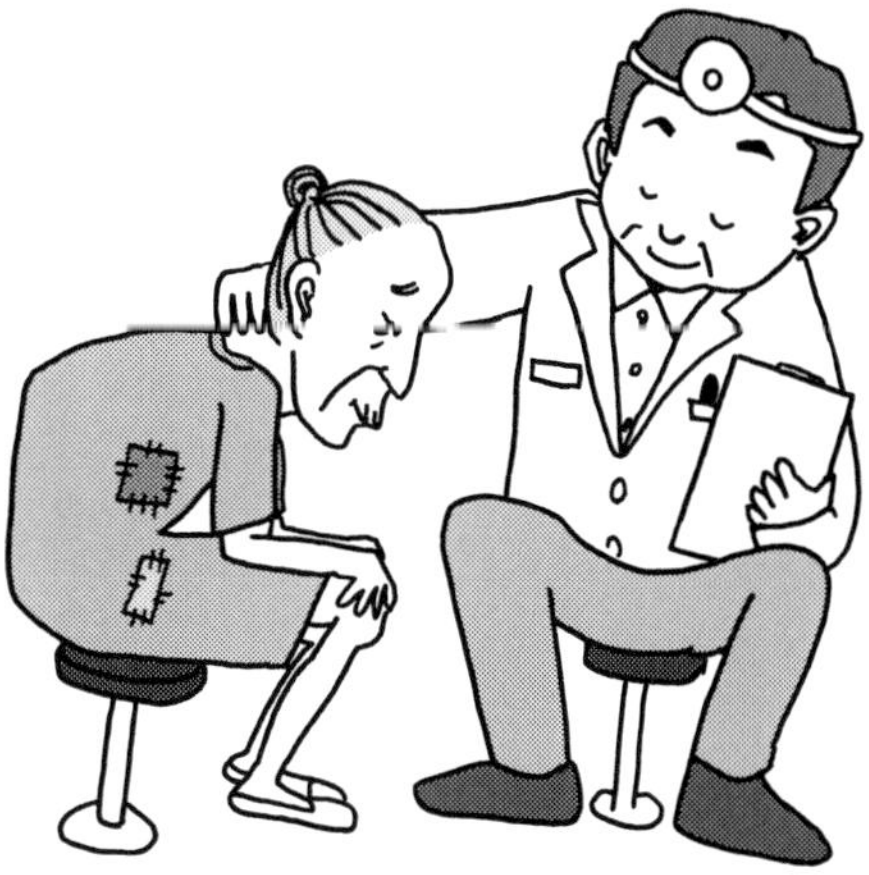

医《い》は仁《じん》術《じゅつ》

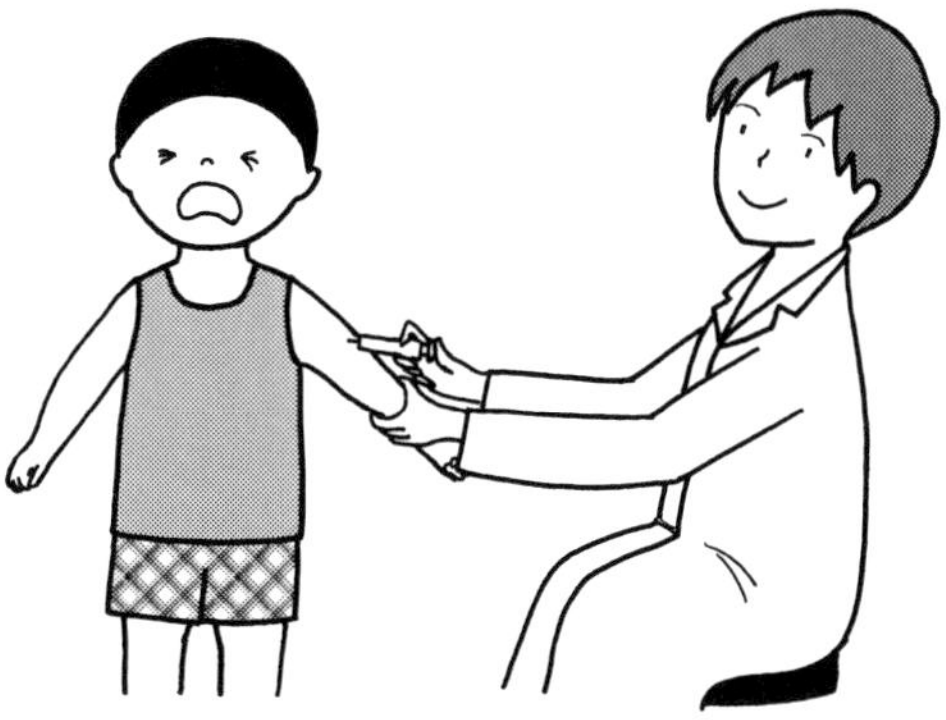

注《ちゅう》射《しゃ》は痛《いた》い

視《し》力《りょく》検《けん》査《さ》

看《かん》病《びょう》

吸《す》う

（　　　　）

（　　　　）

（　　　　）

（　　　　）

（　　　　）

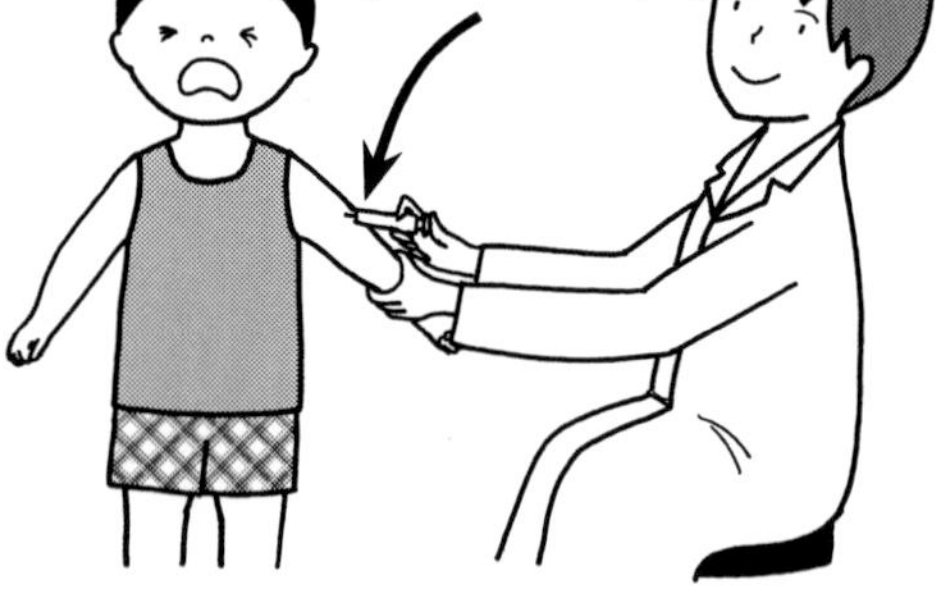

（　　　　）

（　　　　）

一．視力検査

二．吸う

三．医は仁術

四．痛い

五．看病

六．注射

七．体操

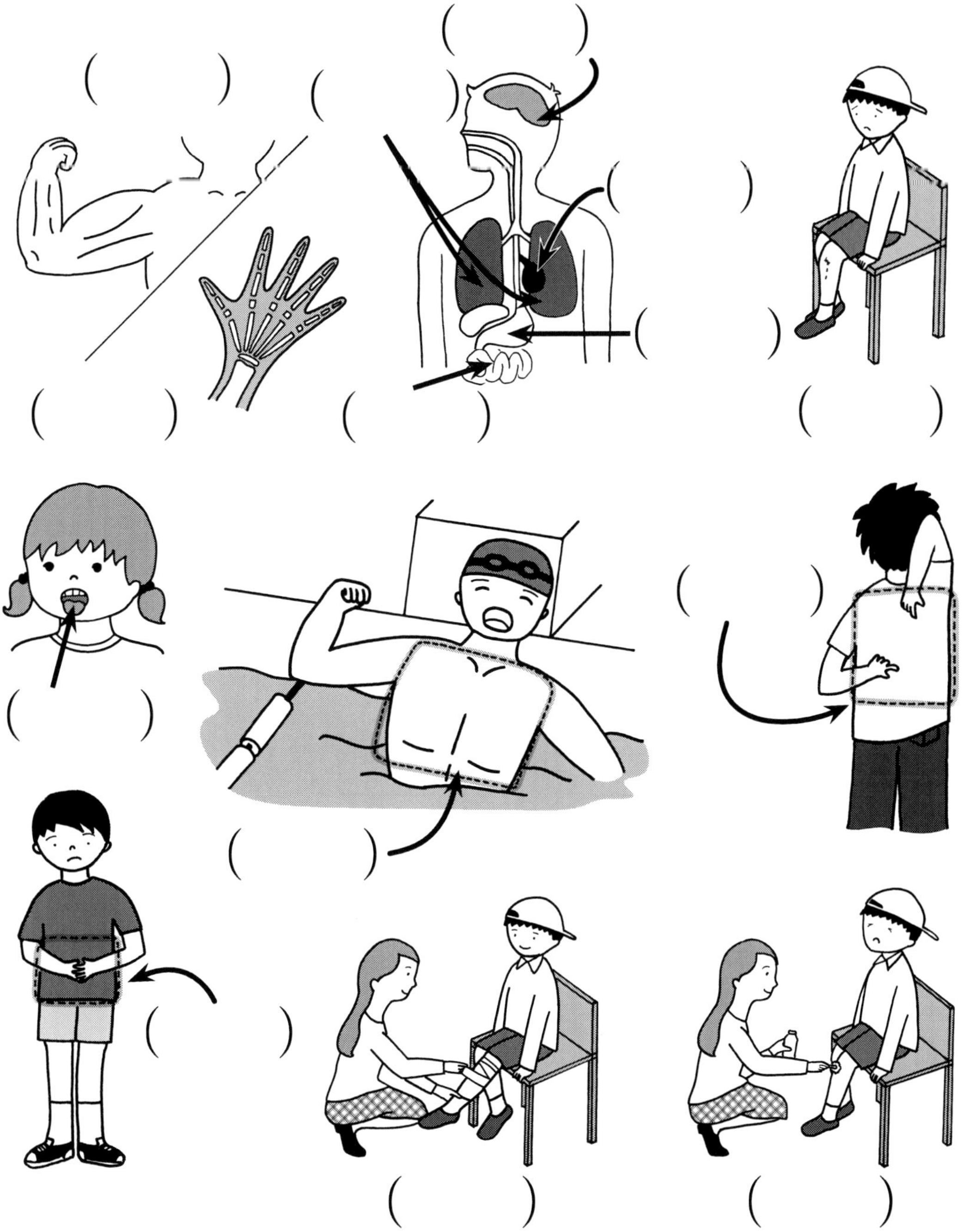

一．胸
二．胃
三．傷
四．舌
五．骨
六．腸
七．脳
八．背中
九．処置
十．心臓
十一．包帯を巻く
十二．筋肉
十三．腹
十四．肺

【読み練習】

1. 人間の　脳の　重さは　だいたい千三百グラムだそうです。
2. 「人間には　だいたい骨が二百本以上あるんだって。」
3. 舌を　見ると、胃や腸が　健康かどうか　わかるんだよ。
4. 「腹がへった」と「おなかがすいた」は　同じ意味です。
5. 筋肉を強くするために、　毎日走ったり、うで立てふせをしたりしています。
6. 心臓が悪いので、速く走れない。すぐ苦しくなる。
7. インフルエンザの予防注射をしたが、とても痛かった。
8. 肺に入れることができる空気の量を肺活量といいます。

空《そら》
空《クウ》気

9. 明日《あす》のスピーチコンテストのことを考えると、胸がどきどきして、なかなか　ねられない。

10. 「背が高くなりたかったら、牛乳《ぎゅうにゅう》をたくさん飲むといいよ。」と　父に言われた。

11. レントゲンをとるとき、お医者さんが「大きく息を吸って」と　言いました。

12. ぼくは　足の傷に薬をつけて、包帯を巻いてから　学校に行った。

13. 体操でけがをしたとき、処置が早かったので、すぐ治りました。

14. おばあちゃんは　最近　視力が弱くなって、小さい字が読みにくそうだ。

15. 兄は「医は仁術」ということに感動して、医者になる決心をした。

16. 父が病気なので、母は仕事を休んで看病している。

包《つつ》む
包《ホウ》帯

帯《おび》
包帯《タイ》

置《お》く
処置《チ》

決《き》める
解決《ケツ》
決《ケツ》心

二課 自然

川の 水《すい》源《げん》

きれいな 紅《こう》葉《よう》

切り株《かぶ》

暖《あたた》かい たき火

砂《すな》遊び

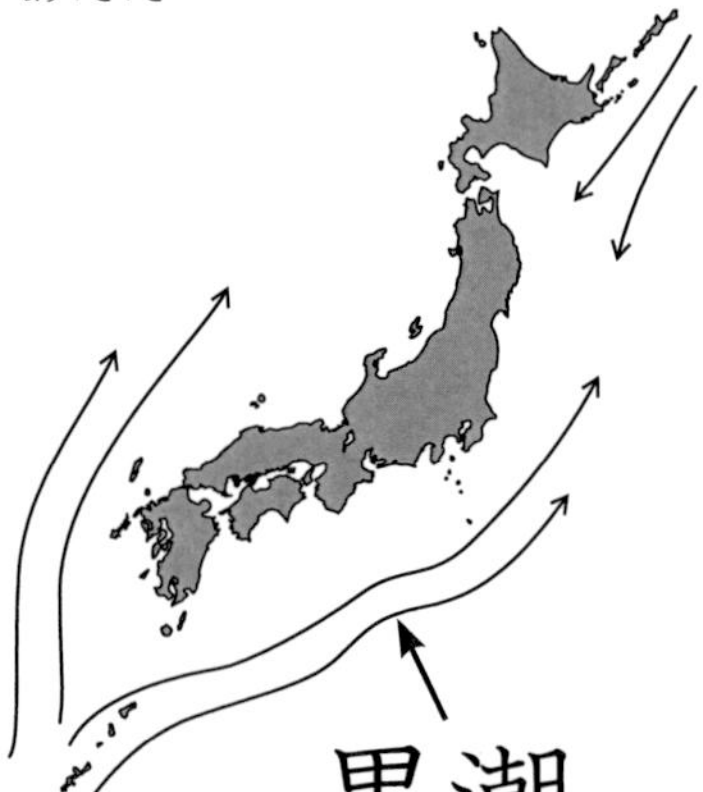

黒《くろ》潮《しお》

雨が 降《ふ》る

深い 穴《あな》

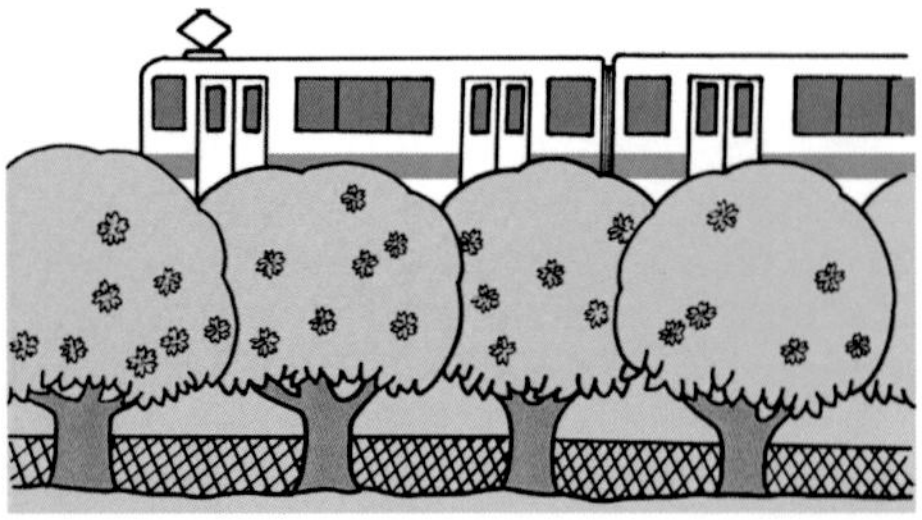

沿《えん》線《せん》の 桜が きれい

樹《じゅ》木《もく》

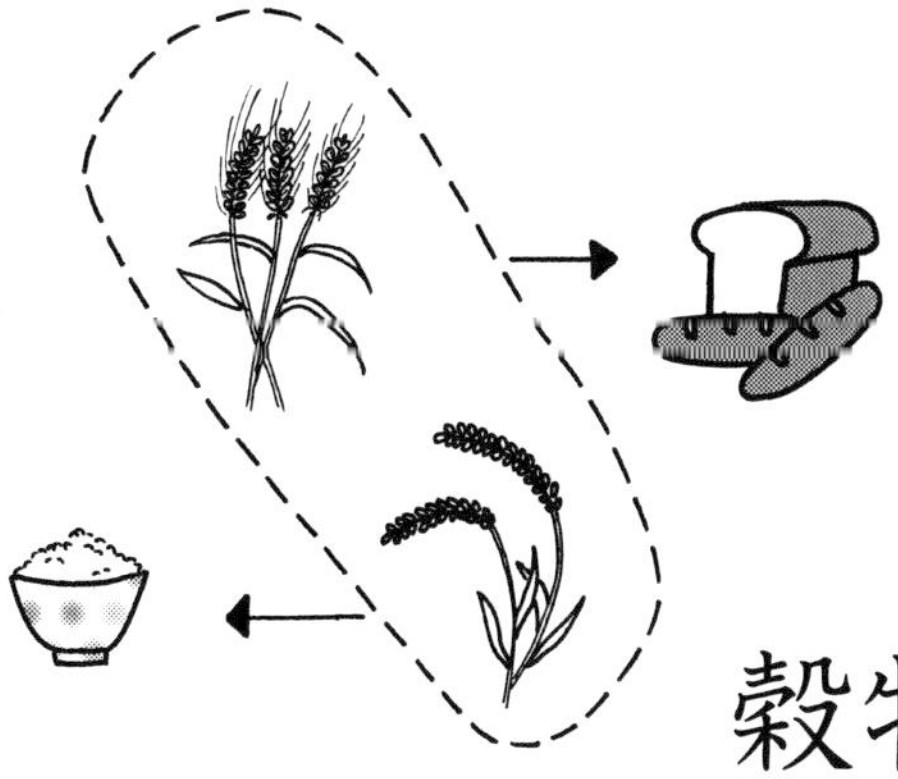

穀《こく》物《もつ》

磁《じ》石《しゃく》

危《き》険《けん》な
場所

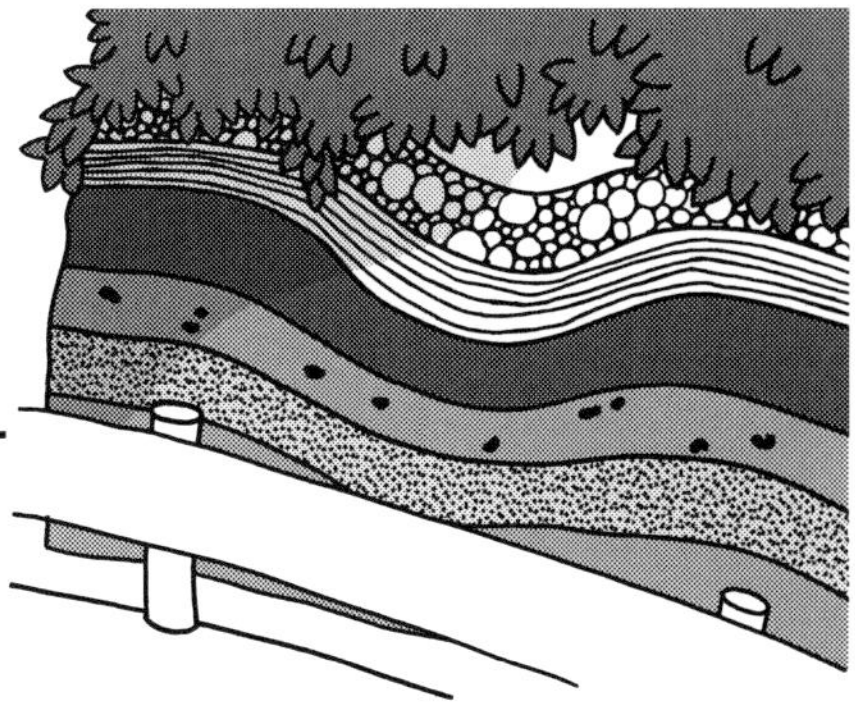

地《ち》層《そう》

激《はげ》しい 風

ことしの 夏は
異《い》常《じょう》に 暑い

日が 暮《く》れる

温《おん》泉《せん》

(　　)

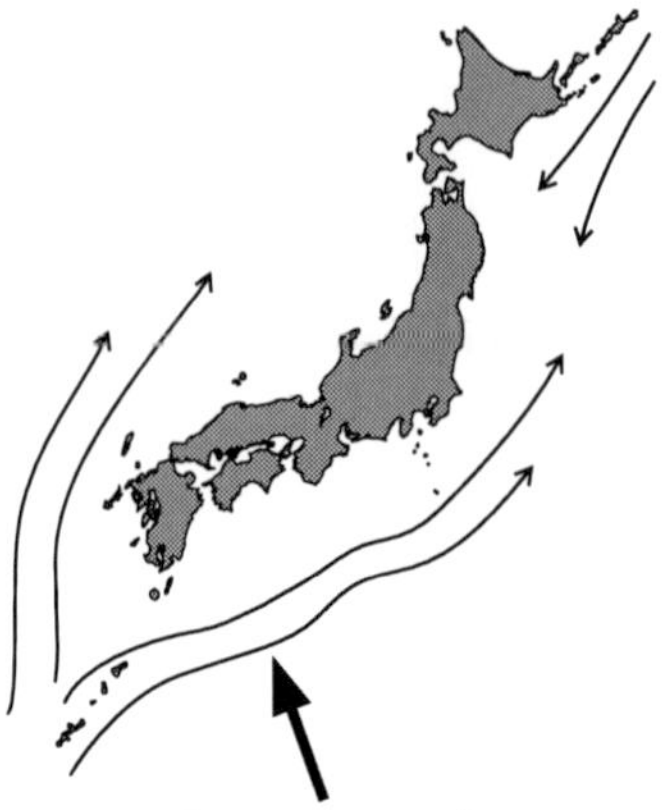

(　　)

(　　)

(　　)

(　　)

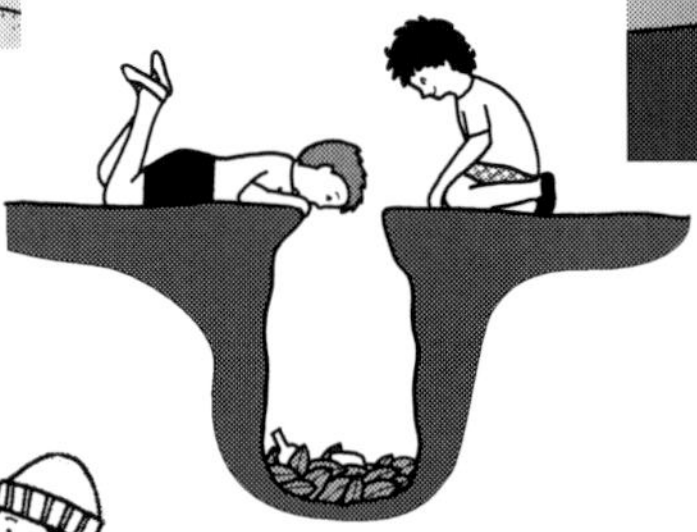

(　　)

(　　)

(　　)

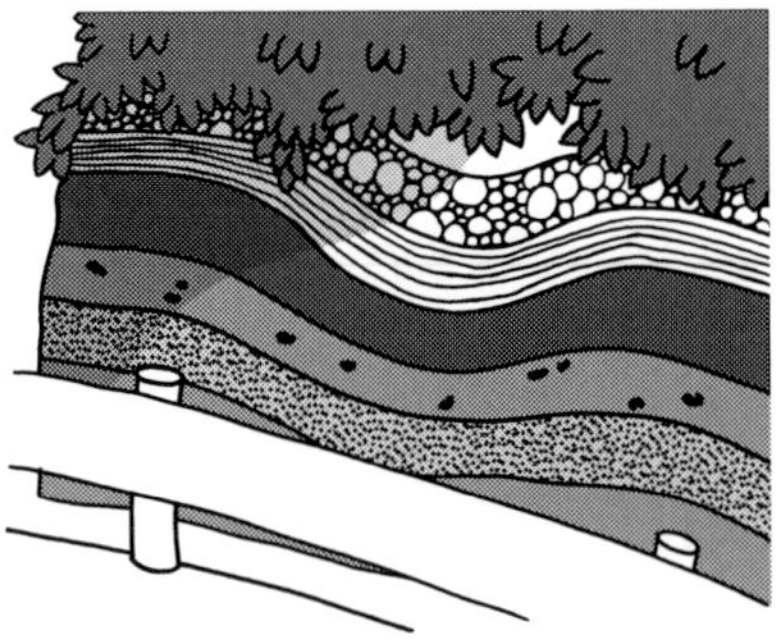

(　　)

一．切り株
二．樹　木
三．砂遊び
四．黒　潮
五．深い穴
六．激しい風
七．地　層
八．日が暮れる
九．暖かいたき火《び》

(　　)

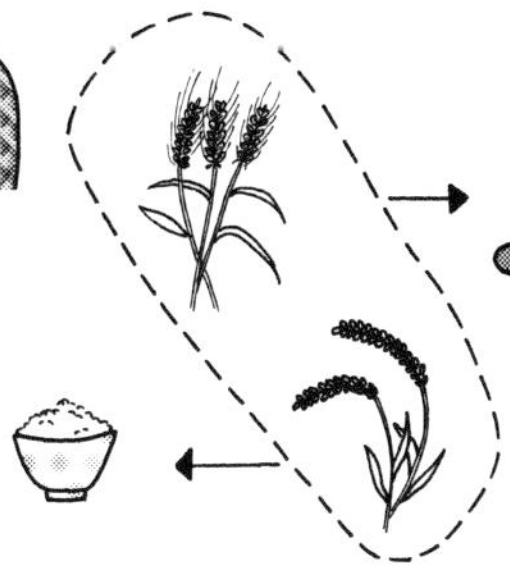

(　　)

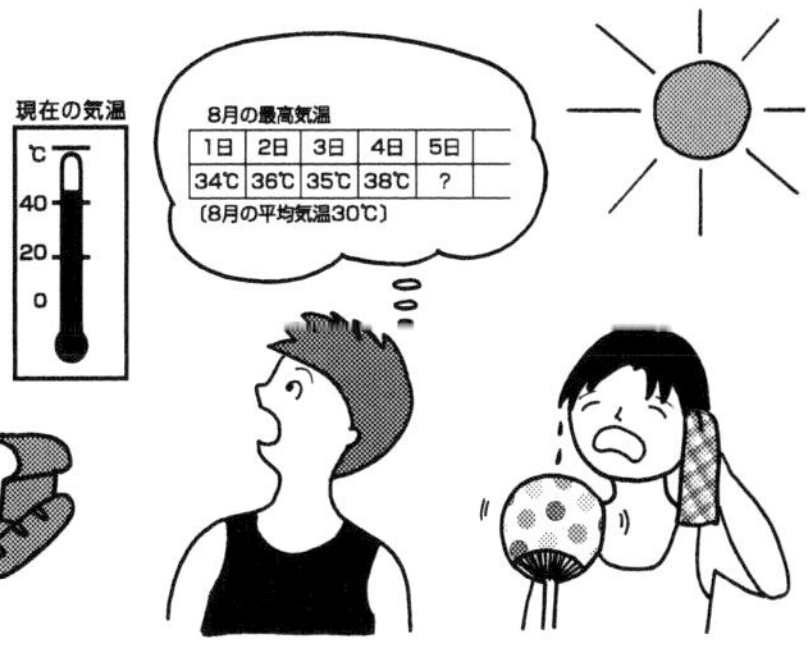

(　　)

(　　)

(　　)

(　　)

(　　)

(　　)

(　　)

一. 危険な場所
二. 温泉
三. 磁石
四. 紅葉
五. 沿線
六. 穀物
七. 水源
八. 雨が降る
九. 異常な暑さ

【読み練習】

1. 台風のとき、激しい風がふくと、大きな樹木がたおれることがあります。外を歩くのは危険です。
2. 砂の上をかにが歩いています。波が来ると　流されてしまいます。
3. ここをずっと歩いていくと、川の水源がわかるね。
4. 日が暮れて、夕暮れの道を帰りました。夕焼けが、きれいでした。
5. 北極星は、北にあります。磁石がないときの目印になります。
6. 秋になると、木の葉が赤や黄色になります。これを紅葉といいます。
7. くまは冬の間、穴の中にねむります。暖かくなると、里に出てきます。
8. おじさんたちは、朝から山の木を切っています。切り株にすわって、一休み。

険《けわ》しい
危険《ケン》

石《いし》
磁石《シャク》

印《イン》刷
目印《じるし》

葉《は》っぱ
紅葉《ヨウ》

9. 日本は　火山《かざん》が多いので、その近くに温泉もたくさんあります。

10. 米や麦は穀物です。とうもろこし、豆なども穀物です。

11. 地層は、長い長い年月の間に、砂や土や小石が積み重なって　できました。

12. 私《わたし》が　毎朝乗る電車の沿線に、桜の花がさいています。

13. 川のように　いつも決まった方向に流れる海水を　海流といいます。黒潮は、南から日本の方に流れて来る海流の名前です。北から来る海流を親潮といいます。

14. 日本では、六月に雨がよく降ります。これを梅雨《つゆ》といいます。

15. ことしの夏の暑さは、異常でした。三十五度以上の日が、一か月も続きました。

体重《ジュウ》　重《おも》い　重《かさ》なる

向《む》こう　方向《コウ》

流《なが》れる　海流《リュウ》

三課 私《わたし》の家族

お母さんに
親孝行《おやこうこう》を する

お姉さんの
純白《じゅんぱく》の
ドレス

お母さんが
承知《しょうち》して くれた

誕生日《たんじょうび》の プレゼント

おじいさんは
尺八《しゃくはち》が 上手だ

うそをついて
お父さんに
厳《きび》しくしかられた

優勝《ゆうしょう》して、お父さん
に 認《みと》めてもらった

吉田君はまじめで人にやさしくてとても誠実な人です。
吉田さんは絶対うそをつきません。

拝《おが》む

ピーコの お墓に
花を 供《そな》える

誠《せい》実《じつ》な人

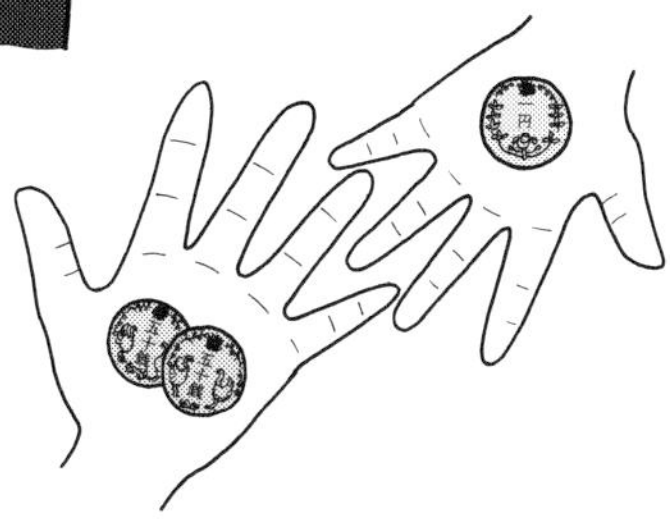

五十銭《せん》が
二つで一円

一寸《いっすん》は
3.03センチ

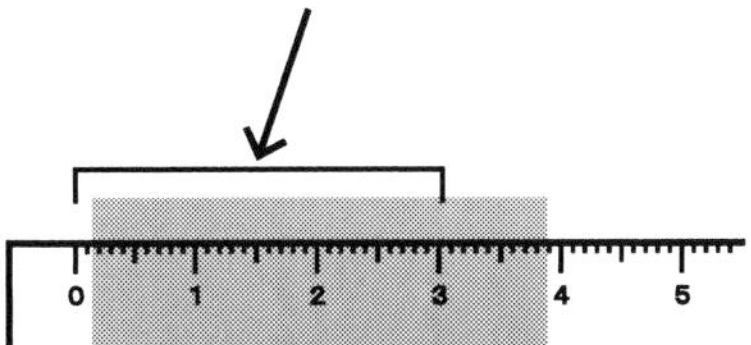
0
1
2
3
4
5

ゲームばかりして
困《こま》った子だ

おばあさんが
かみの毛を
染《そ》めている

となりの
お宅《たく》は 新しい

（　　　　）　　（　　　　）

（　　　　）　　（　　　　）

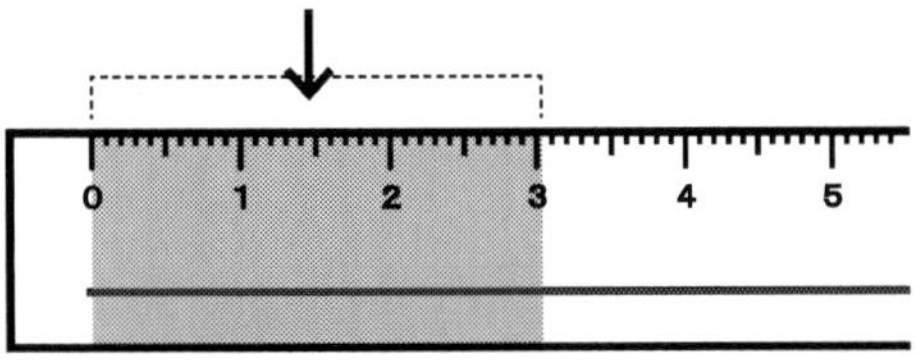

（　　　　）　　（　　　　）　　（　　　　）

一．優勝して認められた
二．親孝行
三．尺八が上手
四．純白のドレス
五．一寸
六．お宅
七．花を供える

飼ってもいい。
いいわよ
ピーコのおはか
吉田さんは絶対うそをつきません。
吉田君はまじめで人にやさしくてとても誠実な人です。

一．誠実
二．誕生日
三．困った子だ
四．拝む
五．かみを染める
六．厳しくしかる
七．承知してくれた
八．五十銭が二つで百円

【読み練習】

1. 尺八は　竹で作った楽器です。長さが一尺八寸（約五十五センチメートル）あります。
一尺は、三十・三センチです。一寸は、三・〇三センチです。

2. 自分の家のことを　自宅といいます。

3. 真っ白のことを純白といいます。

4. 正直でまじめなことを誠実といいます。

5. 自分の親を大切にすることを孝行といいます。

6. 私《わたし》の犬が、五匹《ごひき》　赤ちゃんを産んだので、困っています。だれかもらってください。

7. ぼくは、二月二十九日に生まれましたから、四年に一度しか　誕生日がありません。

8. お寺に行ったとき、家族が　いつまでも元気でいますようにと　拝みました。

音楽《ガク》
楽《ガッ》器

写真《シン》
真《ま》っ白

白《しろ》
純白《パク》

直《ちょっ》角
正直《ジキ》

実《み》
誠実《ジツ》

産《サン》業
産《う》む

9. たくさん　米がとれたので、神様に　お供えしました。

10. お父さんは、ぼくがよく勉強したので、サッカー部に入ることを
認めてくれました。

11. 父は　とても時間に厳しい人なので、ぼくがおくれると　おこります。

12. 夏休みの自由研究で、母といっしょに　ティーシャツを　紅茶で染めました。

13. バスケットボールの試合で、お姉さんのクラスが　優勝しました。

14. 昔のお金の単位は、円の下に銭があったそうです。
「タクシーは　三十銭だった」とおばあさんが言っていました。

15. 「承知しました」は、「よくわかりました」ということです。

神《ジン》社　精神《シン》　神《かみ》様

合《あ》う　合《ガッ》唱　総合《ゴウ》　試合《アイ》

勝《か》つ　優勝《ショウ》

日本語の文字

日本語で文を書くとき、左のように、ひらがなと、かたかなと、漢字を使います。

1．動物園には、ライオンやペンギンがいます。
2．お兄さんは、毎日バスで学校へ行きます。

ひらがなも、かたかなも、次のように漢字から作られました。

ひらがな

安↓あ↓あ↓あ
以↓い↓い↓い
宇↓う↓う↓う

かたかな

阿↓阝↓ア↓ア
伊↓亻↓イ↓イ
宇↓宀↓ウ↓ウ

漢字は主な意味を表わします。ひらがなは、送りがな（行きます）と、助詞（お兄さんは、学校へ）などに使います。かたかなは、外国からきたことば（ライオン、ペンギン、バス）などに使います。

クイズ（一）　送りがな

書く、新しいなどのような　かなの部分を　送りがなと言います。

1、＿＿＿＿に　送りがなを、（　　　）に読み方を書きなさい。

例　　休＿む＿（やすむ）

1．	効＿＿＿（　　　）		6．	耕＿＿＿（　　　）	
2．	比＿＿＿（　　　）		7．	借＿＿＿（　　　）	
3．	測＿＿＿（　　　）		8．	招＿＿＿（　　　）	
4．	織＿＿＿（　　　）		9．	飼＿＿＿（　　　）	
5．	編＿＿＿（　　　）		10.	降＿＿＿（　　　）	

2、送りがなによって、意味が変わります。
（　　　）に送りがなを書きなさい。

ひもが
（切　　　）

ひもを
（切　　　）

おふろに
（入　　　）

おふろに
（入　　　）

3、送りがなによって、読み方が変わります。
（　　　）に読み方を書きなさい。

生
- 生まれる（　　　）
- 生きる（　　　）

苦
- 苦しい（　　　）
- 苦い（　　　）

着
- 着る（　　　）
- 着く（　　　）

少
- 少し（　　　）
- 少ない（　　　）

四課　仕事

郵便局《ゆうびんきょく》の 人

秘書《ひしょ》

警官《けいかん》に
道をきく

指揮者《しきしゃ》

社長　従業《じゅうぎょう》員《いん》

通《つう》訳《やく》

コンピューター
技士《ぎし》
設計士《せっけいし》
教師《きょうし》

専門《せんもん》の 仕事

消防署《しょうぼうしょ》

・通　訳

・専門の仕事

・郵便局員

・指揮者

・　・警　官

・　・従業員

・　・秘　書

・　・消防署

【読み練習】

1. 私《わたし》の父は　警官です。市民を守る仕事ですから　毎日、夜おそくまで　働いています。

2. 秘書は、重要な地位の人のもとで、大切な仕事を手伝ったりします。お姉さんは　秘書になるために学校に行っています。

3. 相手のことばが分からない人の間にたって、両方の人が分かることばで話す人を　通訳といいます。

4. お母さんは、うちの近くのスーパーの従業員です。朝九時から働いています。

5. 兄は郵便局で　働いています。毎日　窓口で　お客さんに　親切に対応しています。

伝《つた》える
手伝《つだ》う

便《ベン》利
郵便《ビン》

親《おや》
親《シン》切

6. 健君のお父さんは　オーケストラの指揮者です。いろいろな楽器をひく人たちの前で、指揮をしています。

7. おじさんは　コンピューターが専門ですから、ぼくは時々《ときどき》　教えてもらいます。

8. 消防署には　赤い消防車が　何台もあります。火事のときは　サイレンを鳴らして出て行きます。

いろいろな読み方1「苦」

苦《くる》しい　病気の時、高い熱が出てとても 苦しかった 。

苦心《くしん》　苦心 してかいた絵が入賞してうれしい。

苦手《にが》　私は算数が 苦手 です。

五課 政治

アフリカの
子どもの 死亡率《しぼうりつ》

9.11
日本人死亡者
○○人
○△党
△□党

党派《とうは》をこえて
協力する

批判《ひはん》する

やめろ!
いつも同じ
ことばかり
言ってる
じゃないか
経済
政策

政策《せいさく》の 発表

祝 就任式

大臣に
就任《しゅうにん》した

○○税務署

納税《のうぜい》する

新しい 内閣《ないかく》が できた

我々《われわれ》は 都庁《とちょう》に行った

討論会《とうろんかい》

国会を 30日間
延長《えんちょう》する

法律《ほうりつ》に したがって
裁判《さいばん》を行う

憲法《けんぽう》に 書いてある
国民の権利《けんり》

災害の 救済《きゅうさい》

国会 ＜ 衆議院《しゅうぎいん》
参議院《さんぎいん》

（　　　　）

（　　　　）

（　　　　）

（　　　　）

（　　　　）

（　　　　）

（　　　　）

（　　　　）（　　　　）

一．我々
二．討論
三．衆議院
四．批判
五．都庁
六．延長
七．憲法
八．救済
九．権利

(　　　)

(　　　)

(　　　)

(　　　)　(　　　)

(　　　)

(　　　)

(　　　)

一．内閣
二．死亡率
三．就任式
四．納税
五．政策
六．党派
七．裁判
八．法律

【読み練習】

1. 日本には党派がたくさんあります。例えば自民《じみん》党、公明《こうめい》党、共産《きょうさん》党などです。

2. 首相のことを 内閣総理大臣ともいいます。

3. 憲法記念日は、五月三日です。

4. 「我々《われ》は、国が決めた法律を 守らなければならない。」と おじいさんが 言っています。

5. その法案に対して、批判的な意見が多かった。

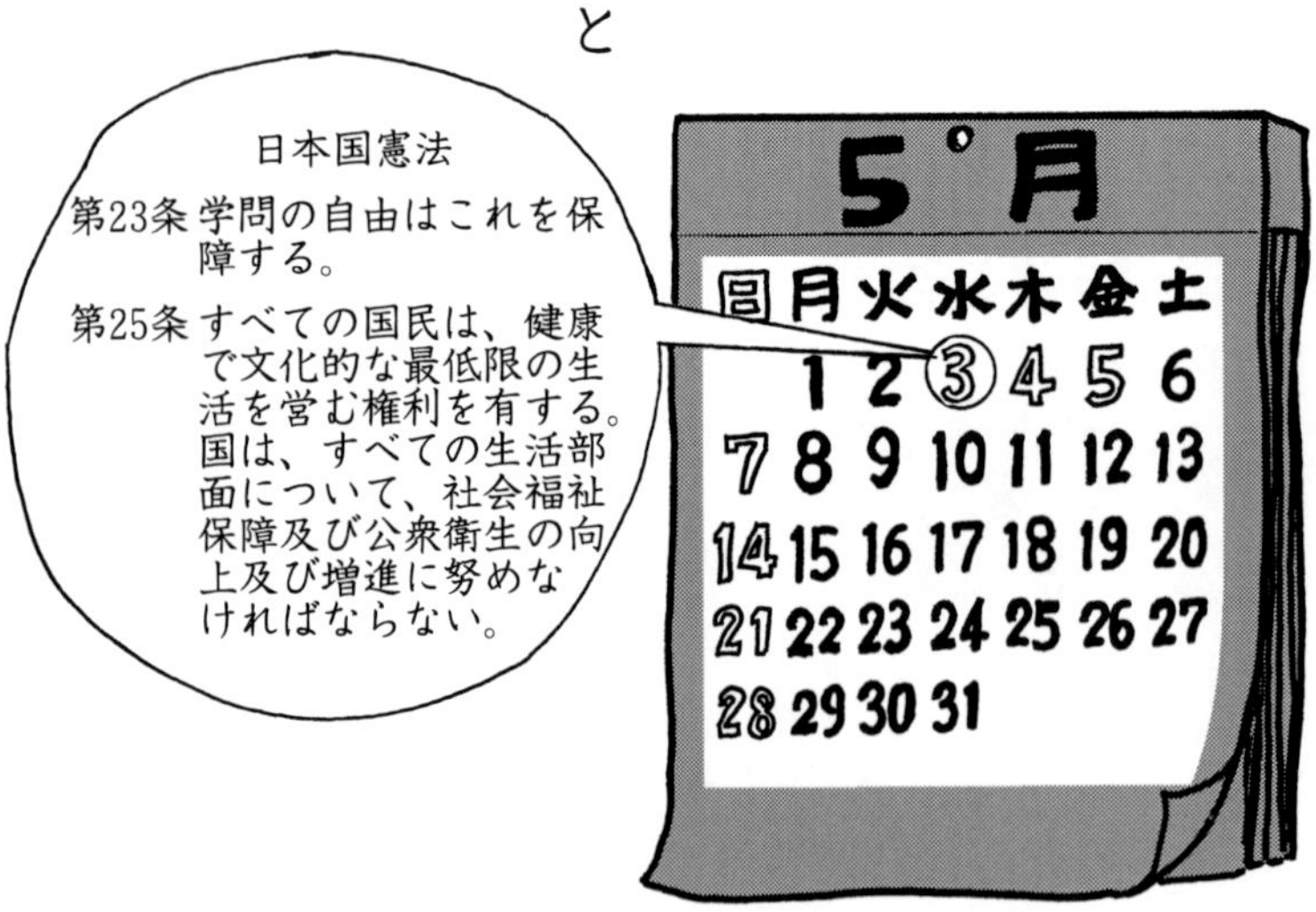

日本国憲法
第23条 学問の自由はこれを保障する。
第25条 すべての国民は、健康で文化的な最低限の生活を営む権利を有する。国は、すべての生活部面について、社会福祉保障及び公衆衛生の向上及び増進に努めなければならない。
5月
日 月 火 水 木 金 土
1 2 ③ 4 5 6
7 8 9 10 11 12 13
14 15 16 17 18 19 20
21 22 23 24 25 26 27
28 29 30 31

首《くび》 首相《しゅしょう》 相談《そうだん》 相手《あいて》

6. 新しい知事が就任して、今日《きょう》初めて県庁に登庁《とう》した。

7. 学級討論会で、「市民が裁判に参加する。」ことに賛成か、反対か話し合った。

8. 国の大切な政策は、まず衆議院で討議してから、参議院で討議します。

9. 税金を納めている人は、税金がどのように使われているか、知る権利がある。

10. 子どもの死亡率と、その国の経済力は関係があるといわれている。

11. 国会の会期は百五十日ですが、まだ討議が続いているので、延長されました。

判《ハン》断
裁判《バン》

六課 地域

除雪車《じょせつしゃ》が 雪をどける

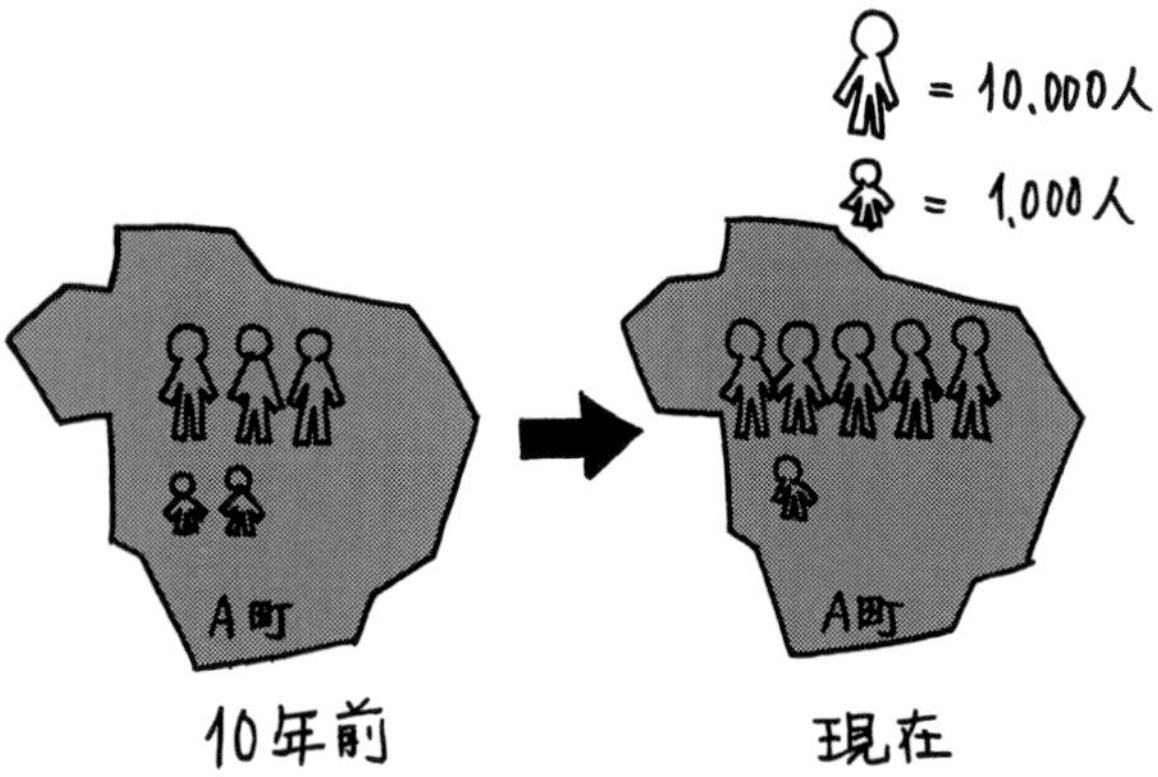
= 10,000人
= 1,000人
A町
A町
10年前
現在

人口密度《じんこうみつど》の
推移《すいい》を 調べる

工業の地域《ちいき》

農業の
地域《ちいき》

いろいろな 地域《ちいき》

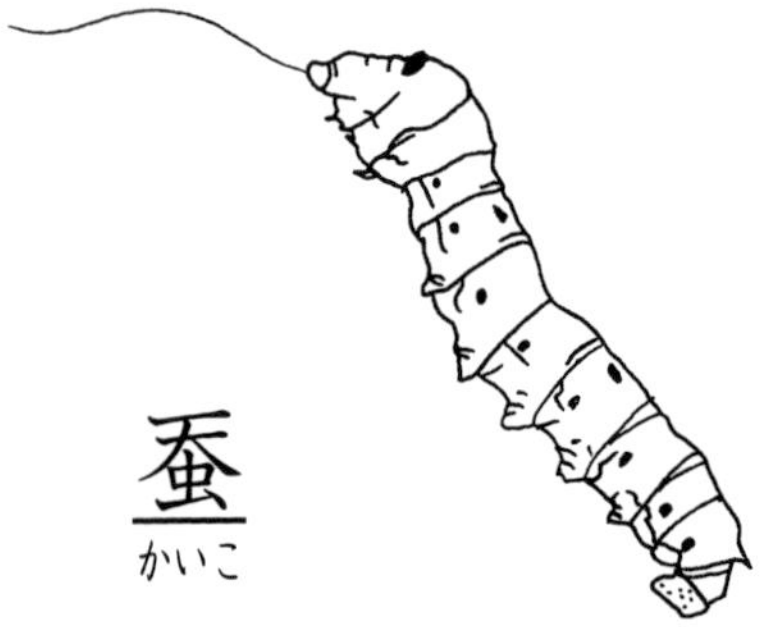

蚕《かいこ》

絹《きぬ》の スカーフ

鋼鉄《こうてつ》で　ビルを　建てる

郷里《きょうり》が　なつかしい

フィリピン諸島《しょとう》

外国人の　生徒の　訪問《ほうもん》

・人口密度

・推　移

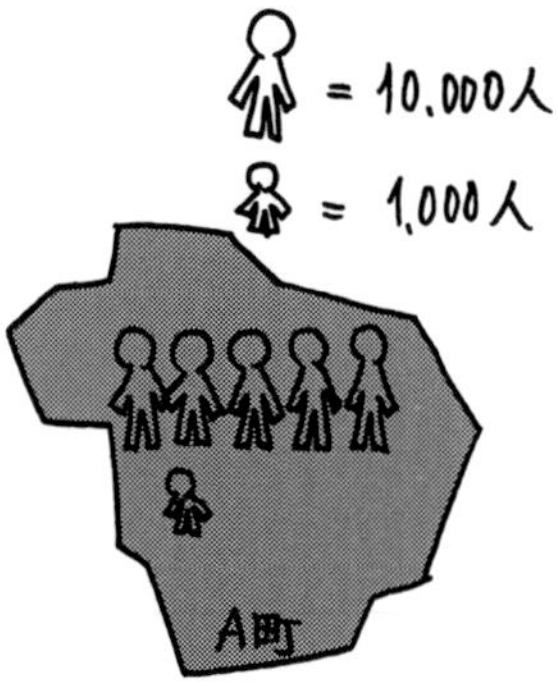

・郷　里

・除雪車

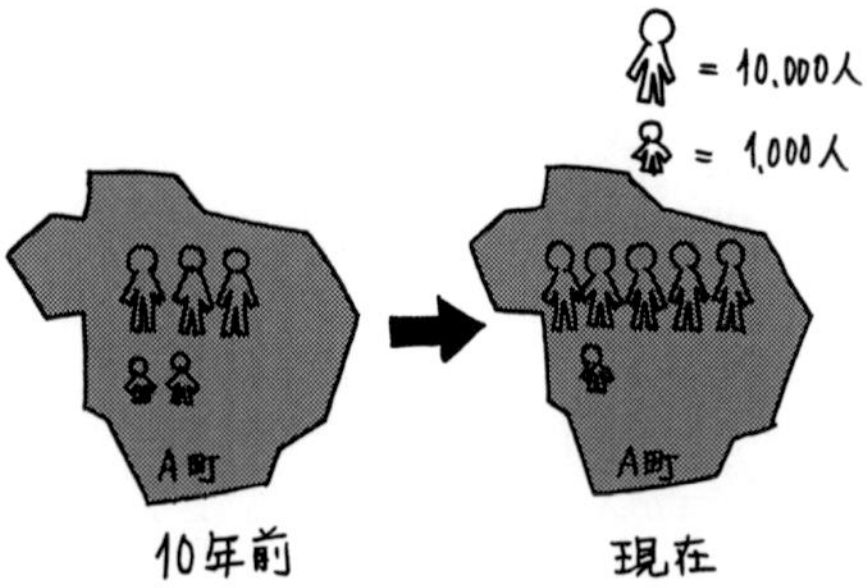

・訪　問

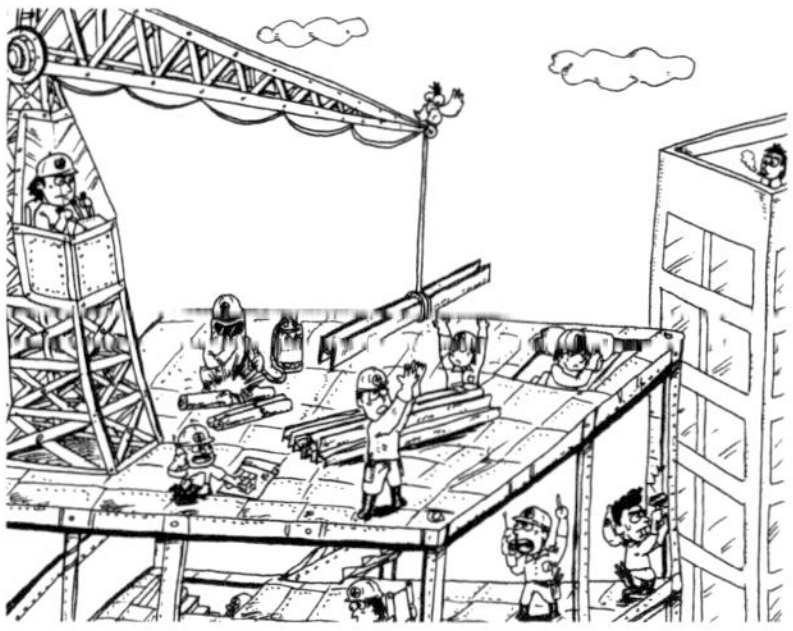

・

・絹の
スカーフ

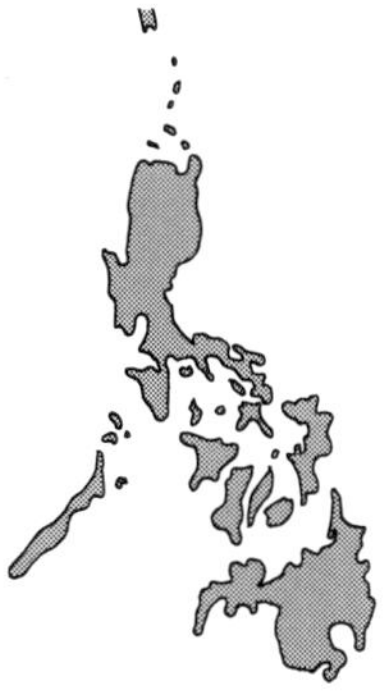

・

・地　域

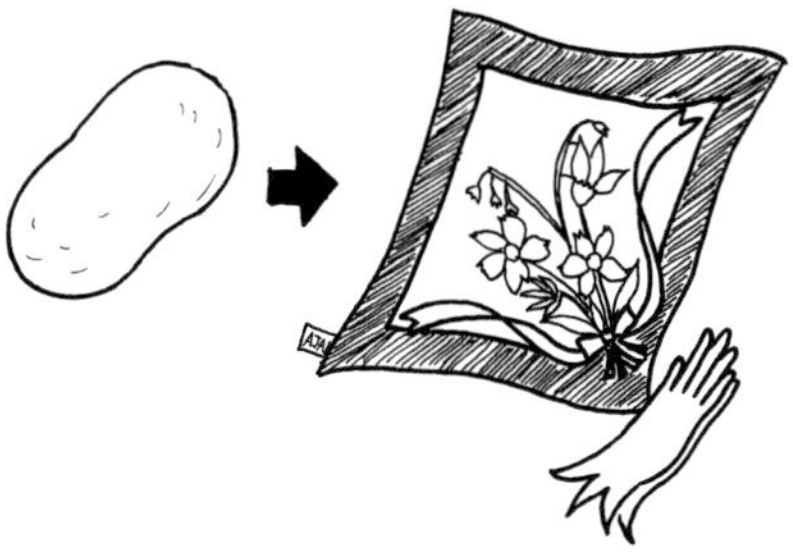

・

・鉄鋼で
ビルを作る

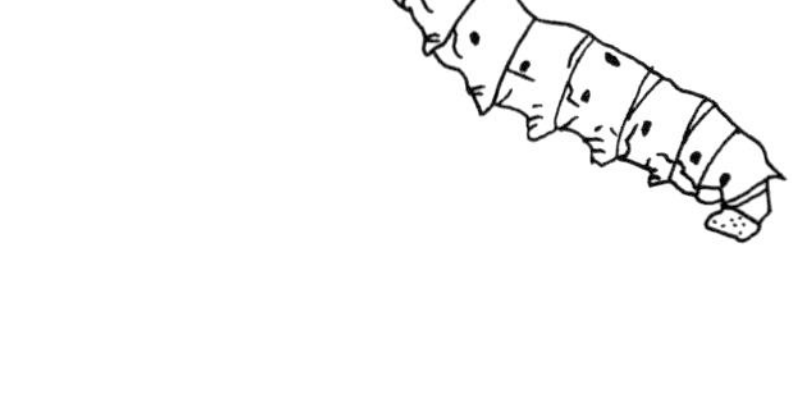

・

・フィリピン
諸島

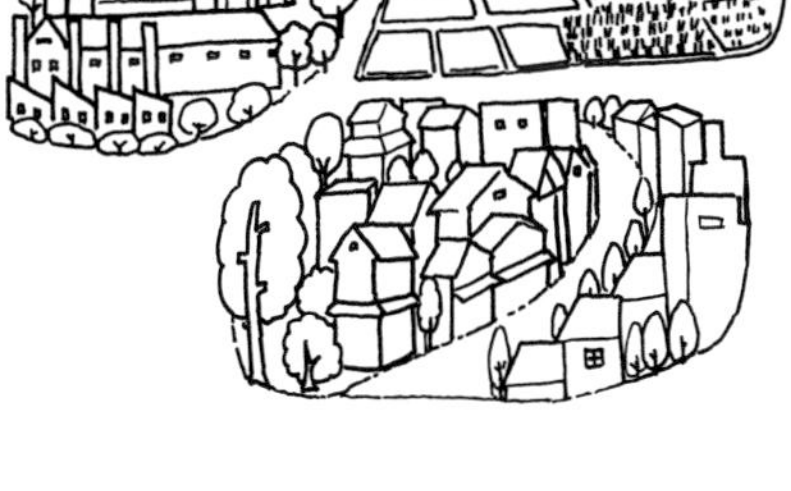

・

・蚕

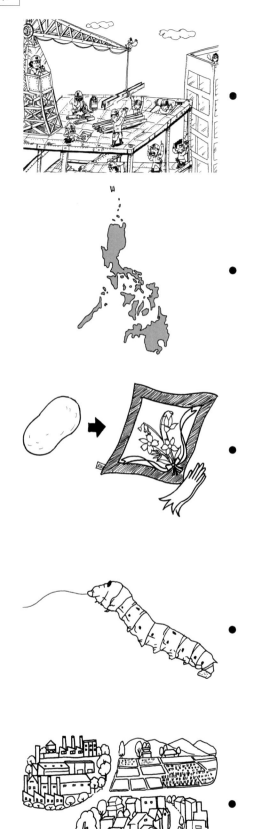

【読み練習】

1. この地方は、昔、蚕をたくさん飼って 絹を作っていました。

2. 鋼鉄は、ビルや橋や車を作るのに 使われます。

3. 私《わたし》の郷里はみかんがたくさんとれる、暖かい所です。

4. 首相は、じしんの災害地域を すぐに訪問しました。

5. この地方の産業の推移を調べました。以前は農業の人が多かったですが、今は会社員の人が多くなりました。

6. 除雪車が来て、道につまった雪をどけてくれました。

里《さと》
郷里《リ》

移《うつ》る
推移《イ》

雪《ゆき》
除雪《セツ》

7. 人口密度というのは、面積一平方キロメートルに どのくらいの人が住んでいるかを 表したものです。東京は人口密度が高いです。

8. 諸島は、多くの島の集まりです。伊豆《いず》諸島には、大島《おおしま》、八丈島《はちじょうじま》、三宅島《みやけじま》などがあります。

表《ヒョウ》
表《あらわ》す

島《しま》
諸島《トウ》

いろいろな読み方２「読」

読《よ》む　もっと大きい声で 読 んでください。

句読点《くとうてん》　文章には 句読点 をつけます。

読書《どくしょ》　父のしゅみは 読書 です。

漢字の始まり

「漢字は、いつ、どこで、できたのですか。」
「今から三千年以上も前に、中国でできました。」

「どのようにしてできたのですか。」
「動物の骨や、亀《かめ》のこうらや金属に、物の形をほったのが初めです。その絵から、だんだん、字が作られました。例えば、山はのように、空に高くそびえる形で表しました。川は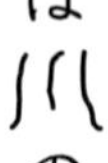のようにかいて、水の流れる形で表しました。これを象形文字《しょうけいもじ》というのです。」

「だから、漢字には意味があるのですね。」

「絵でかけない、見えないものの性質を表すには記号のような字をかきました。例えば、数の一は一本、二は二本の線を書いて表しました。また、線を書いて、その上に点をかいて上を、線の下に点をかいて下という意味を表しました。これを指事文字《しじもじ》といいます。」

「そういう字はいくつぐらいあったのですか。」
「これらの文字は全部で五千以上もあったそうです。これが次の時代に続いていって、絵のような字がだんだん変わって、文字の意味がはっきりしてきました。」

クイズ（二）

どの絵がどんな漢字になったか下から探《さが》して書きましょう。

例

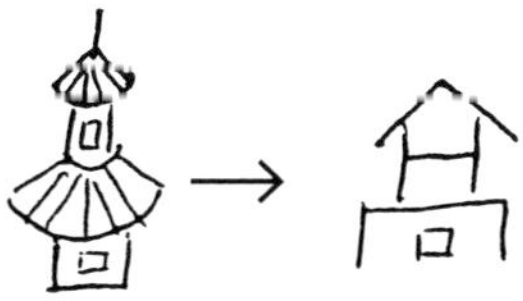

→ 高

手	馬	口	石	羊	田
子	京	牛	工	大	鳥	羽

七課　行事

天皇陛下《てんのうへいか》と皇后陛下《こうごうへいか》

演奏《えんそう》

幕《まく》を　開ける

劇《げき》に　出る

映画《えいが》

宇宙飛行士《うちゅうひこうし》

太陽系《たいようけい》

宣伝《せんでん》

体育

卒業式

服装《ふくそう》

絵の 展覧会《てんらんかい》

味方

敵《てき》

サッカーの 試合を見て

興奮《こうふん》する

土俵《どひょう》

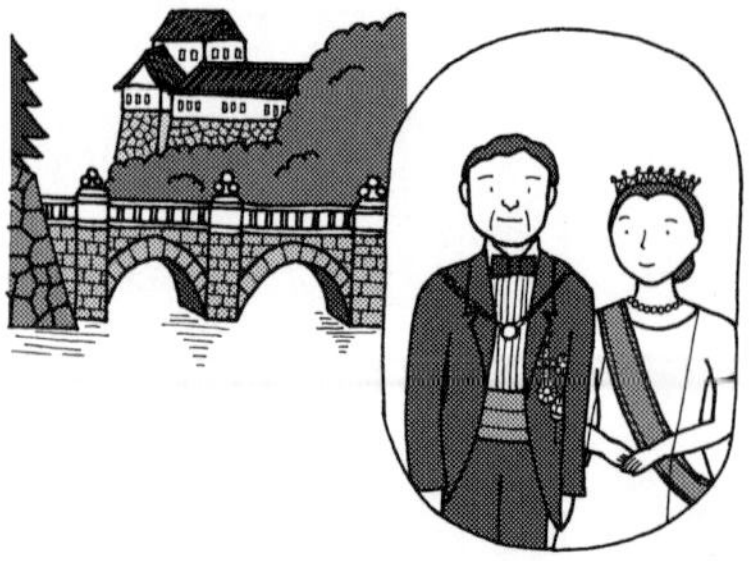

幕を開ける

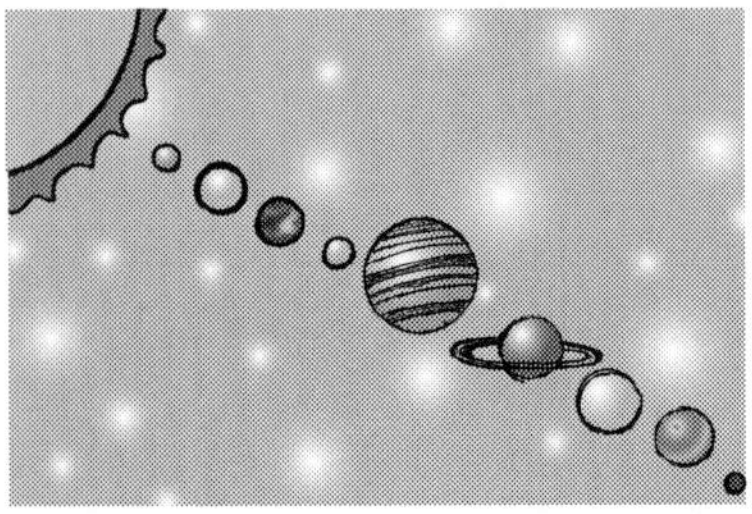

天皇陛下と
皇后陛下

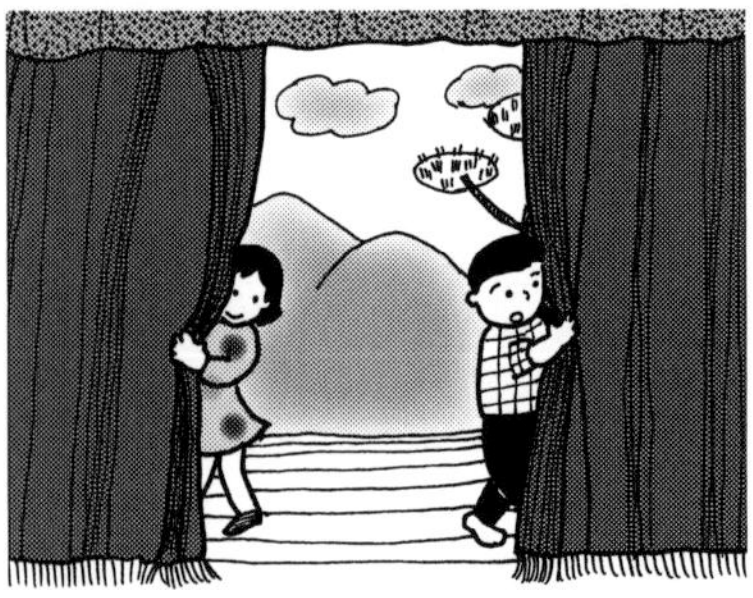

宇　宙

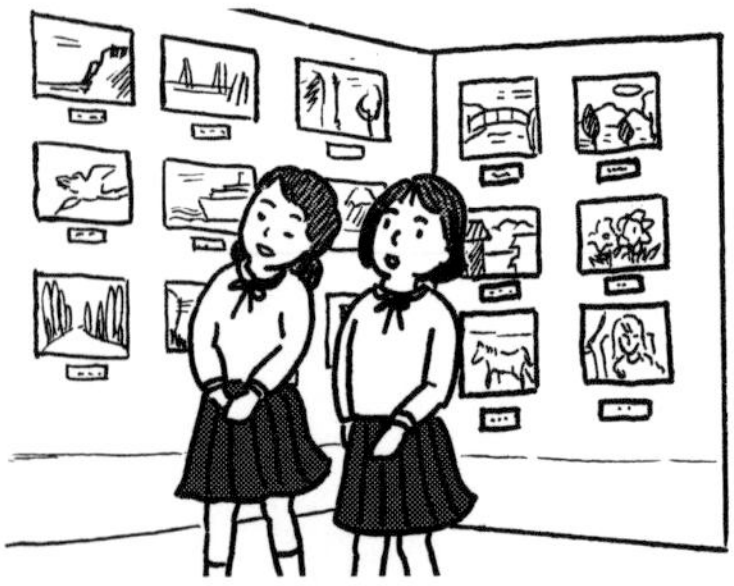

土　俵

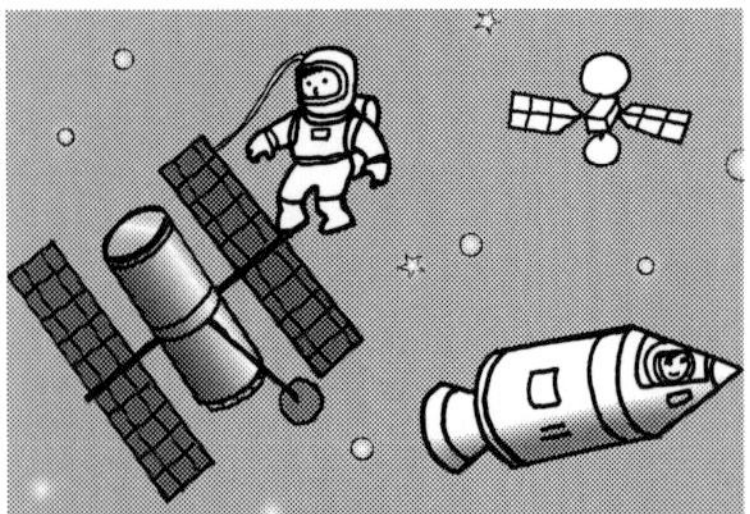

太陽系

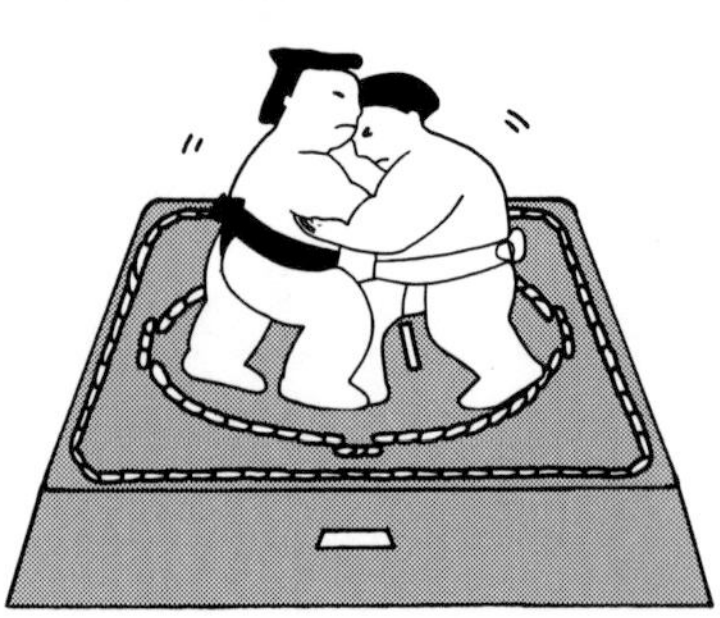

展覧会

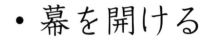

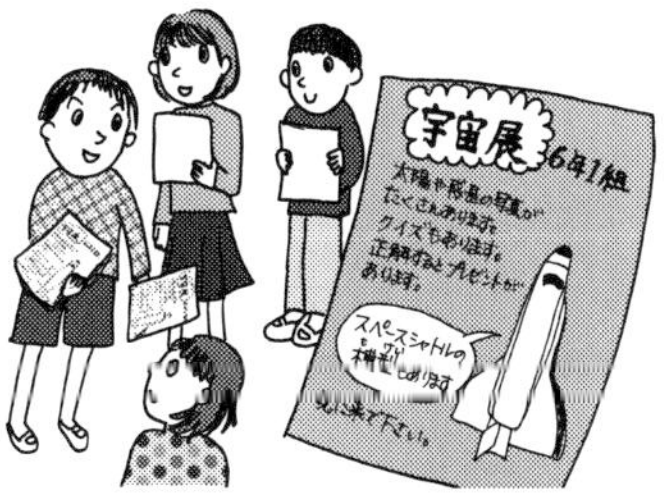

・　　　　・服　装

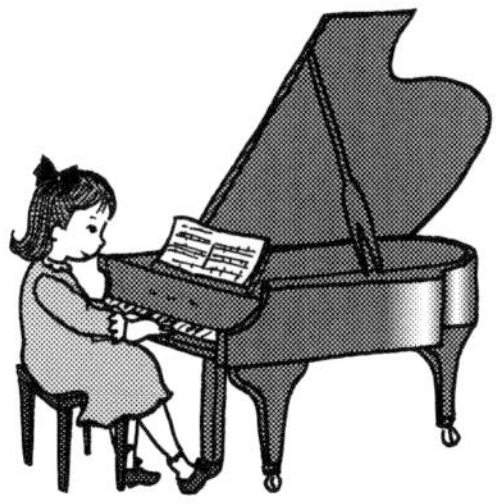

・　　　　・劇

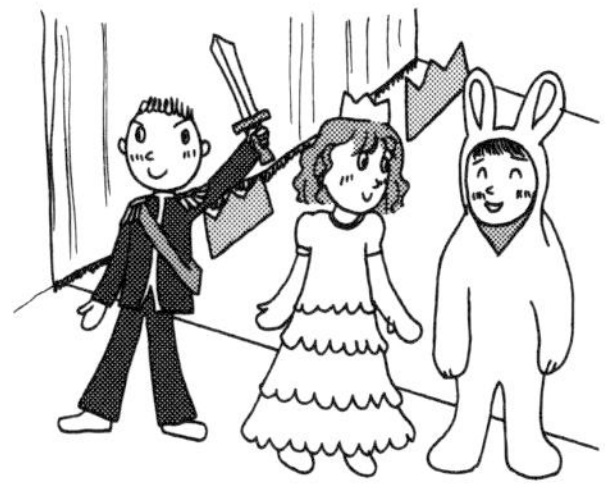

・　　　　・宣　伝

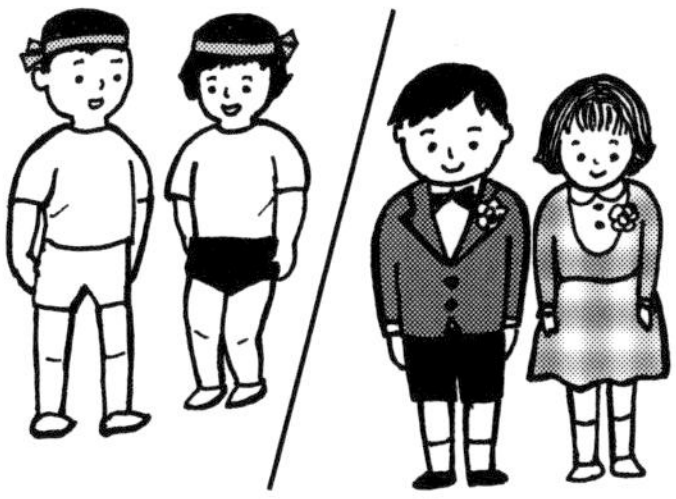

・　　　　・敵

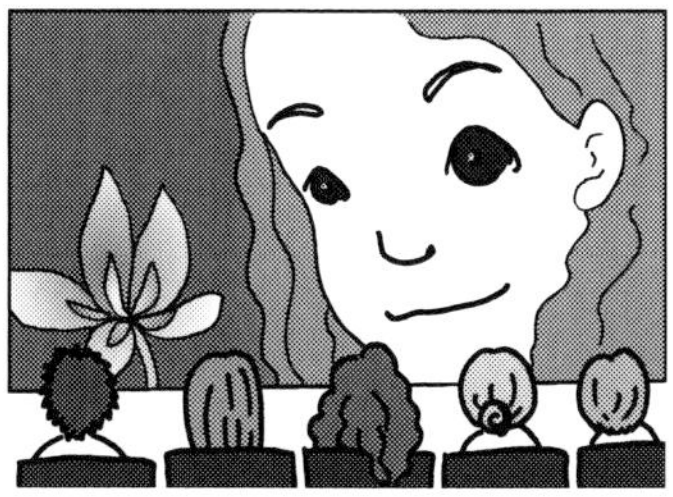

・　　　　・映　画

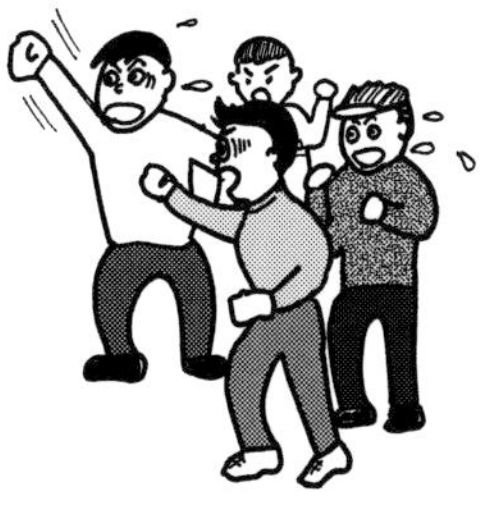

・　　　　・興奮する

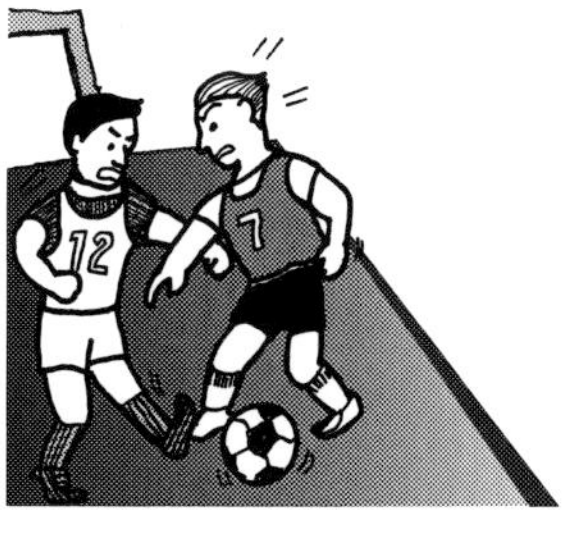

・　　　　・演奏する

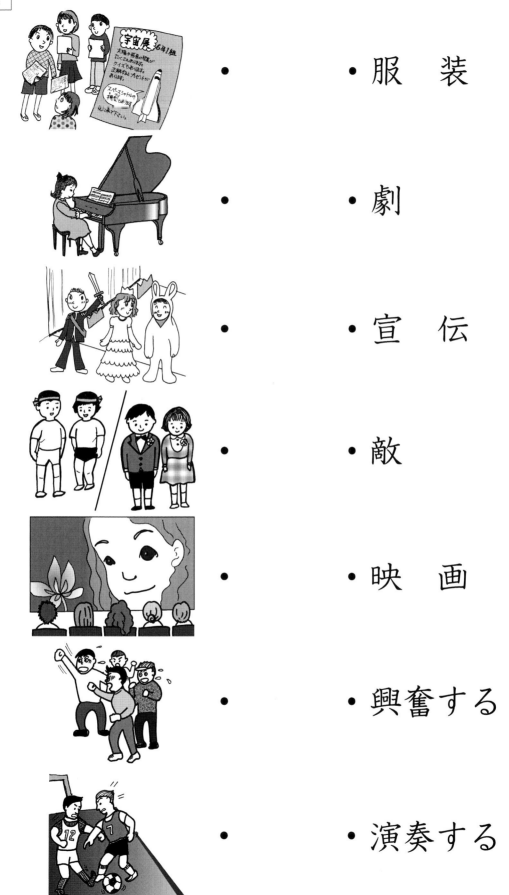

【読み練習】

1. 体育館の幕は 重くて大きいので 二人で 開けました。
2. 六年一組は「つるの恩返《がえ》し」の劇をしました。とても上手で、感動しました。
3. 夏休みに、友だちと映画を見に行きました。すてきな主人公が好きになりました。
4. 音楽会で、私《わたし》はピアノの演奏をしました。
5. 「遠足の服装は、動きやすいものにしてください。」
6. 今日の試合は 敵のチームも 味方のチームも
とても強かったです。
7. 土俵で おすもうさんが ぶつかったとき、
みんな興奮してさけびました。

｛興《キョウ》味
　興《コウ》奮

8. 体育館で六年生が、展覧会に出す作品を並べていました。

9. テレビで万国博覧会《ばんこくはくらんかい》の宣伝をしていました。ぼくも行ってみたいです。

10. 宇宙展を見て、月や地球は、太陽系の中にあることがよく分かりました。

11. 天皇《てんのう》陛下と皇后陛下は、国民体育大会に出席なさいました。

伝《つた》える
宣伝《デン》

太《ふと》い
太《タイ》陽

いろいろな読み方３「手」

手《て》　お母さんの暖かい手。

選手《せんしゅ》　リレーの選手に選ばれました。

上手《じょうず》　あきちゃんは、字がとても上手です。

他動詞

積み木を並べる

自動詞

みんなが並ぶ

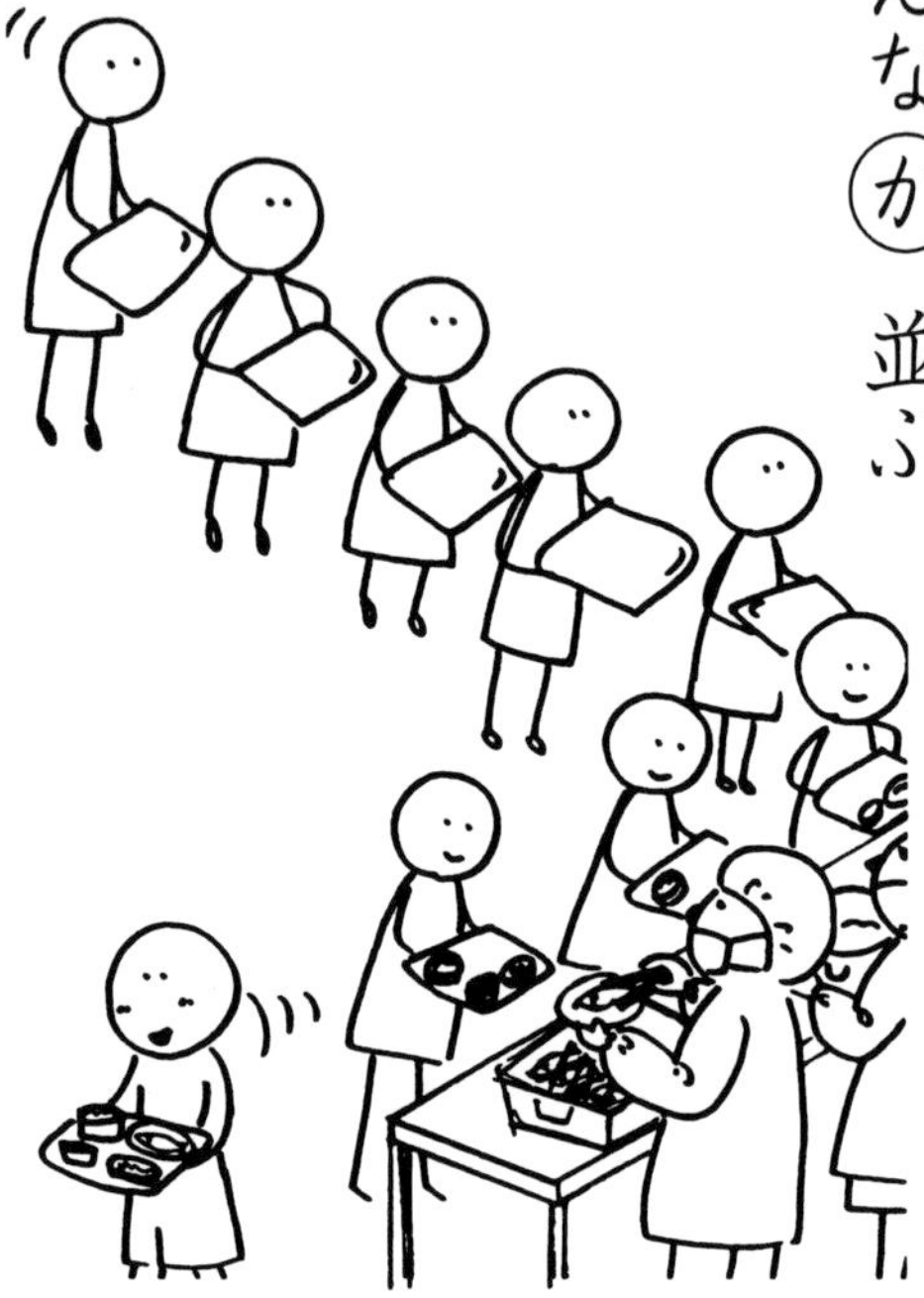

窓を閉める

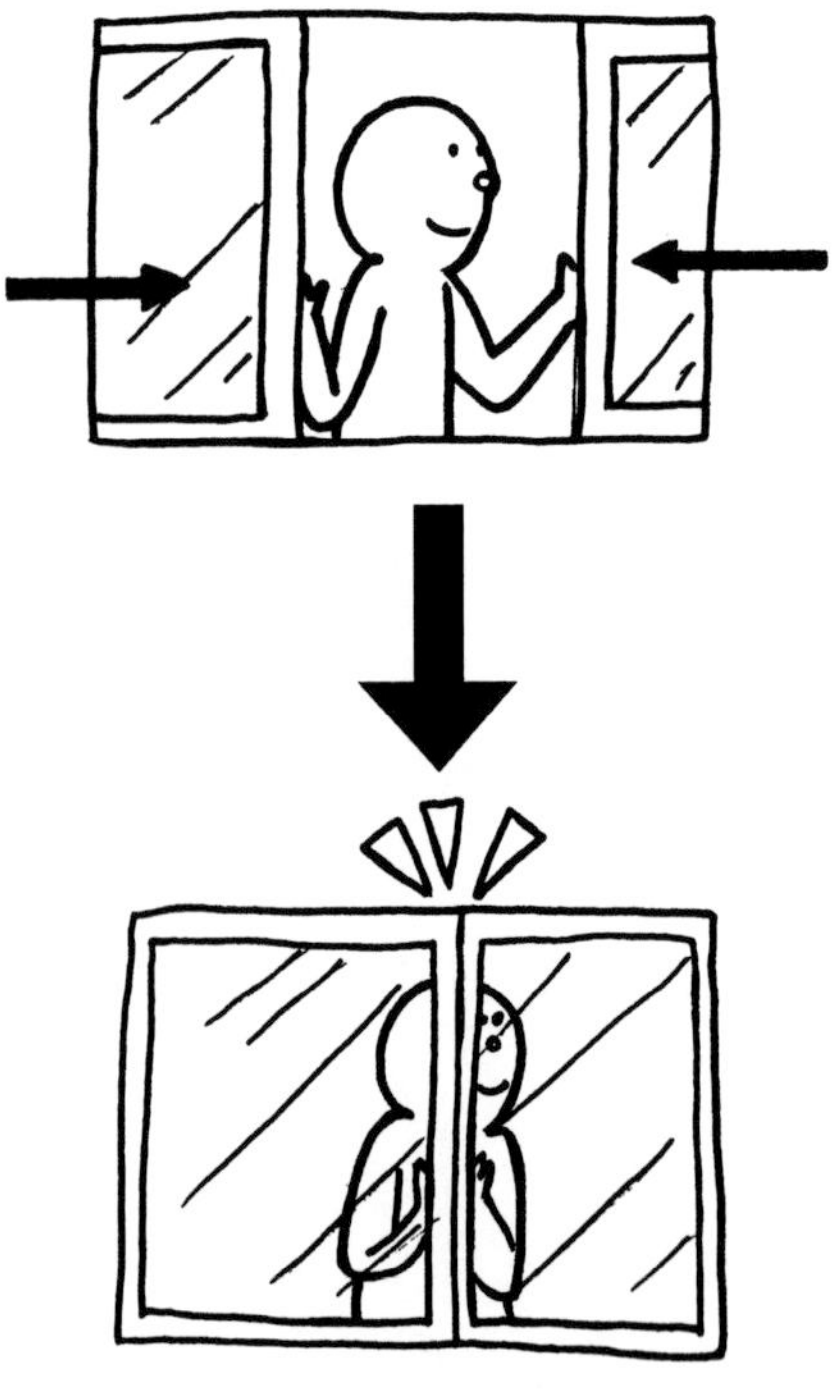

窓が閉まる

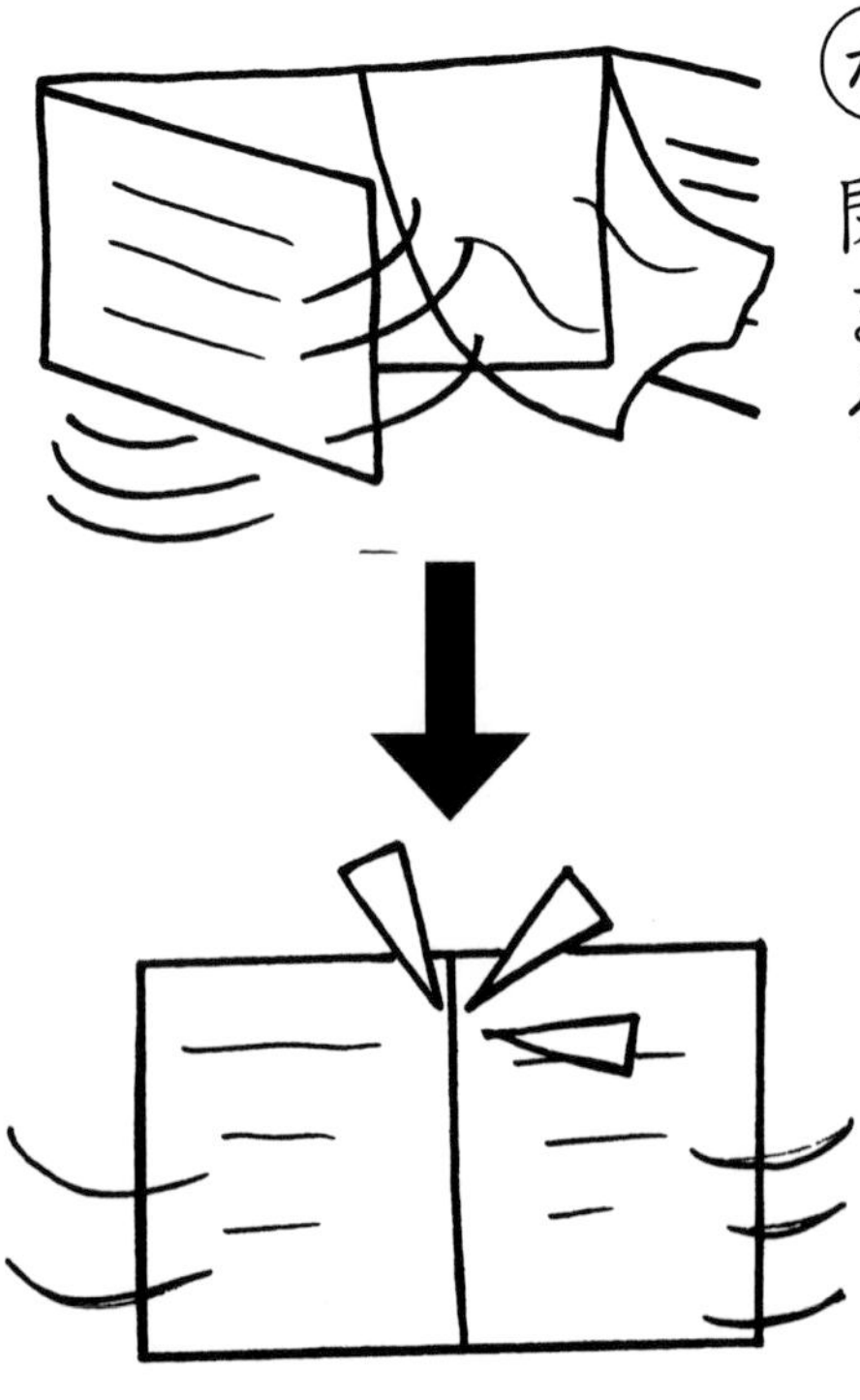

他動詞

布を染める

荷物を届ける

自動詞

空が染まる

手紙が届く

八課 国語

段落《だんらく》

くまのポンには友だちがたくさんいます。これからその友だちをしょうかいしましょう。

まず、りすのぴょんきちです。ぴょんきちは、ポンの家のすぐとなりの木の上に住んでいます。ときどきおもしろいことを言って、みんなをわらわせることが上手なりすの男の子です。

次はうさぎのキャロットです。はしるのがとくいで、にんじんが大すきな女の子です。

楽しい森のなかまたち
山川さやか 作

著者《ちょしゃ》

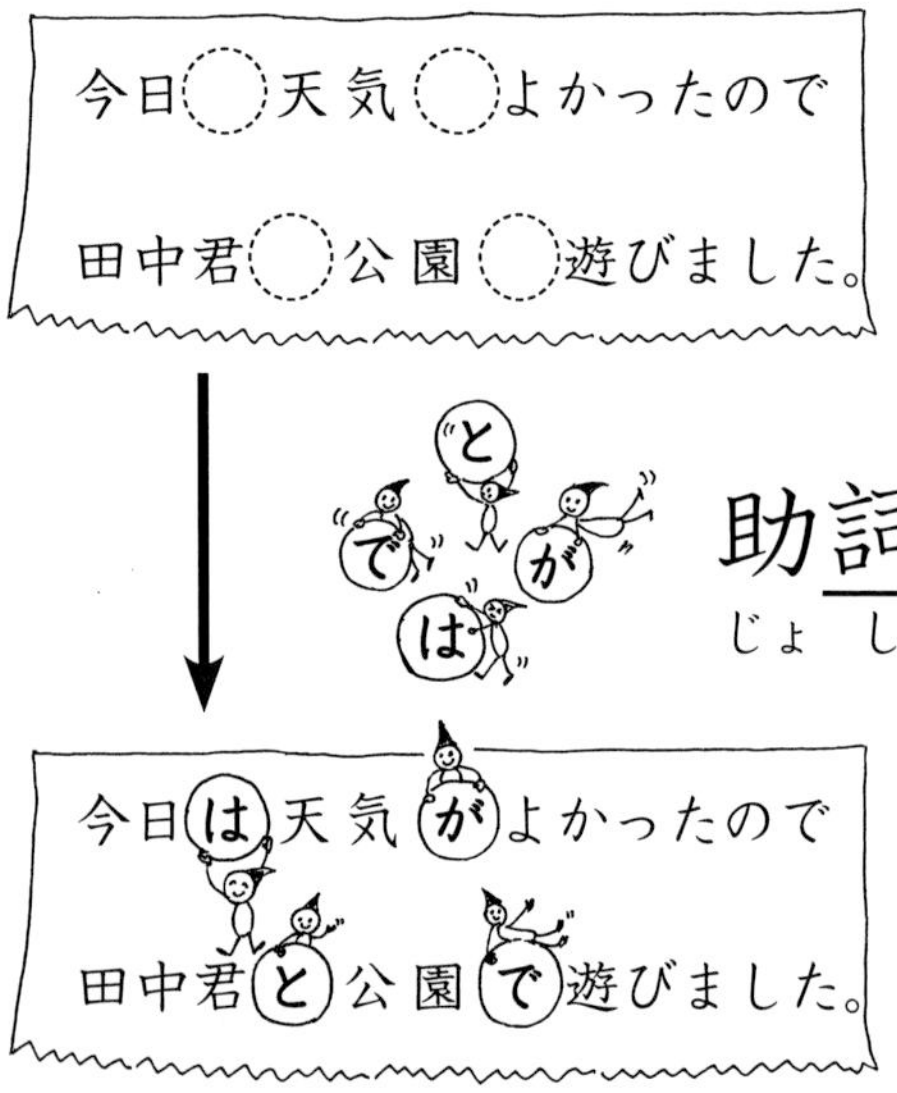
今日〇天気〇よかったので
田中君〇公園〇遊びました。
と
で
が
は
今日は天気がよかったので
田中君と公園で遊びました。

助詞《じょし》

国語

朗読《ろうどく》する

古池や
かはず(わ) 飛びこむ
水の音・・・・

有名な 俳句《はいく》

独創的《どくそうてき》な 絵

国語
五年(上)
NOTE
NOTE
NOTE

全部で 九冊《きゅうさつ》

6年2組
田中君、いる？
職員室
山本先生、いらっしゃいますか？

敬語《けいご》

疑問文
明日は水曜日？
先生、明日は水曜日ですか？
否定文
ううん、水曜日じゃないよ。
いいえ、水曜日ではありませんよ。

疑問文《ぎもんぶん》 と 否定文《ひていぶん》

消 + 火

熟語《じゅくご》を 作る

読 + 書

しんせつ

正 親切

誤 新切

こまる

正 困る

誤 因る

↑

誤字《ごじ》に

気をつけて

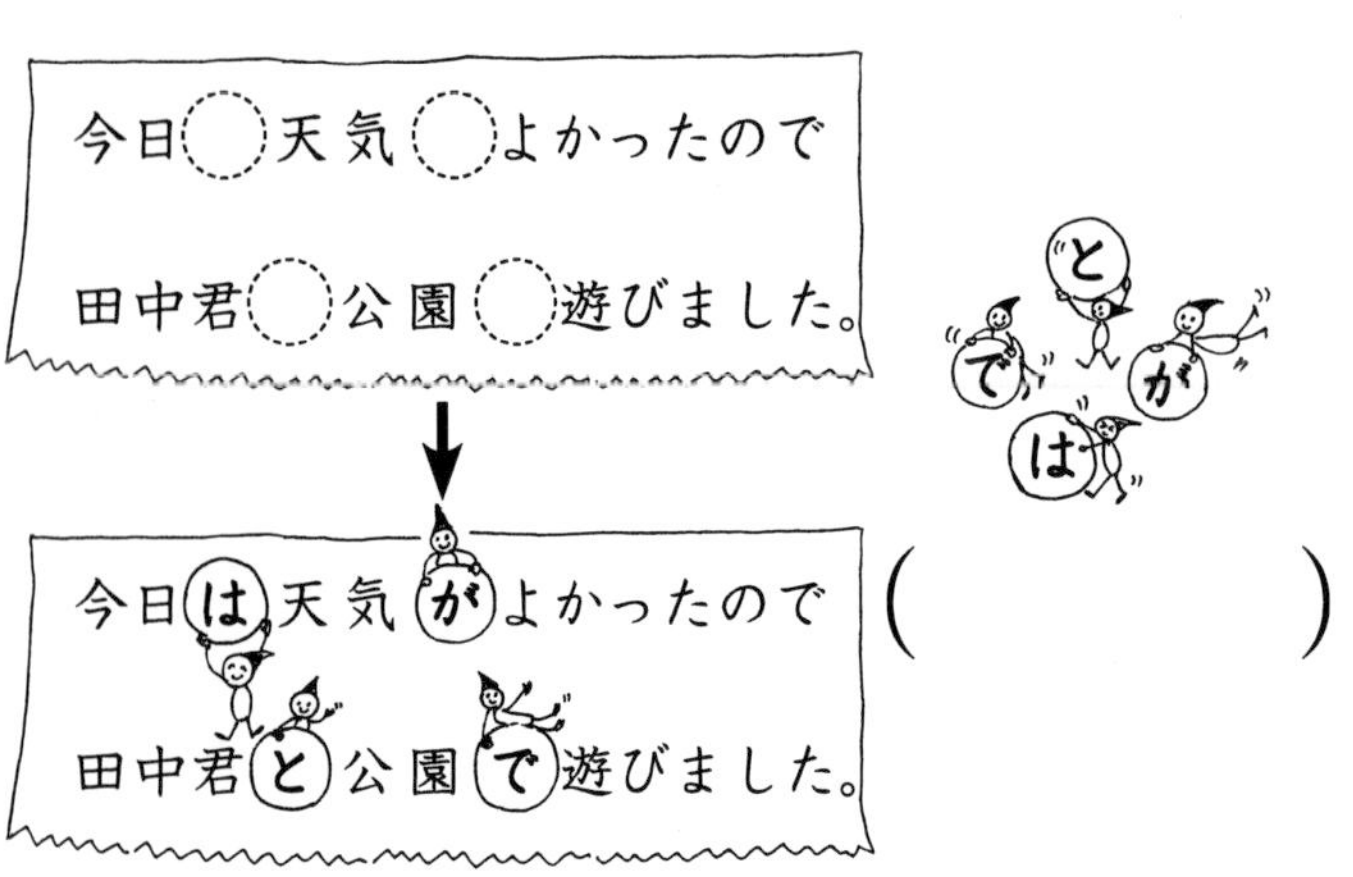
今日◯天気◯よかったので
田中君◯公園◯遊びました。
と
で
が
は
今日は天気がよかったので
田中君と公園で遊びました。

(　　　　)

国語

(　　　　)

楽しい森の
なかまたち
山川さやか 作
楽しい森のなかまたち
山川さやか 作

(　　　　)

明日は
水曜日？
先生、
明日は水曜日
ですか？

(　　　　)

(　　　　)

くまのポンには友達が
たくさんいます。これから
その友達をしょうかいしま
しょう。
まず、りすのぴょんきちです。
ぴょんきちは、ポンの家のすぐ
となりの木の上に住んでいます。
ときどきおもしろいことを言って、
みんなを笑わせることが上手な
りすの男の子です。
次はうさぎのキャロットです。
走るのがとくいで、にんじんが
大好きな女の子です。

(　　　　)

一. 段落
二. 疑問文
三. 著者
四. 朗読
五. 助詞
六. 独創的

消 + 火
読 + 書

(　　　　)

6年2組
田中君、いる？
職員室
山本先生、いらっしゃいますか？

(　　　　)

こまる　しんせつ

正しい字
困る　親切

まちがっている字
因る　新切

(　　　　)

(　　　　)

古池や
かは(わ)ず 飛びこむ
水の音・・・・

うちけし文

ううん、水曜日じゃないよ。
いいえ、水曜日ではありませんよ。

(　　　　)

国語
NOTE
NOTE
NOTE

(　　　　)

一．俳句
二．誤字
三．熟語
四．敬語
五．否定文
六．九冊

【読み練習】

1. 「古池や かわず飛びこむ 水の音」と いう俳句を 知っていますか。
俳句は、五字、七字、五字で、気持ちや景色を表します。

2. 教科書を朗読するときは、はっきり 大きな声で読んでください。

3. 二つ以上の漢字がくっついて、一つのことばになったものを
熟語と いいます。例えば、「入学」「読書」などです。

4. 日本語の疑問文には 文の終わりに「か」という助詞をつけます。
「は」や「が」、「と」や「に」も みんな 助詞です。

5. 敬語は 目上の人に 使うことばです。敬語にすると
「いう」は「おっしゃる」、「する」は「なさる」です。

表《ヒョウ》
表《あらわ》す

読《よ》む
句読《トウ》点
朗読《ドク》

助《たす》ける
助《ジョ》詞

6. 夏休みに、本を三冊 読んで 感想を書いてくるという宿題が出ました。

7. この本の著者は 有名な 宇宙飛行士です。ぼくも 宇宙を飛びたいなあ。

8. わたしの 作文は 独創的だと 先生に ほめられました。

独創的というのは ほかの人のまねではない、私だけの考え方という意味です。

9. 読んだ本の感想文を出したら、先生が「作者の気持ちをよく理解していますね。誤字があるのが、おしいですね。」とおっしゃいました。

10. 作文をかくとき、書き出しの文と、内容のところと、終わりのまとめの文と、三つの段落に分けて 書きました。

11. 「・・・ではない」という打ち消しの文を 否定文といいます。

落《お》ちる
段落《ラク》

九課　算数

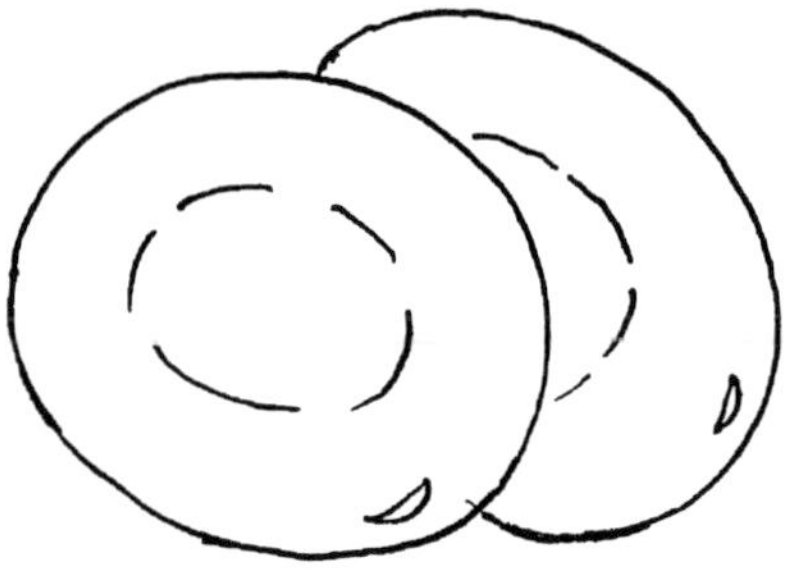

二枚《にまい》

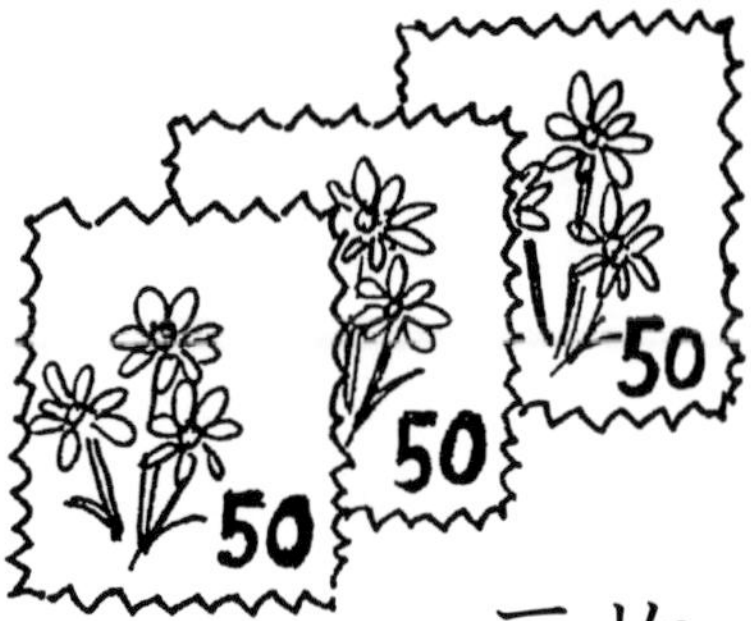

三枚《さんまい》

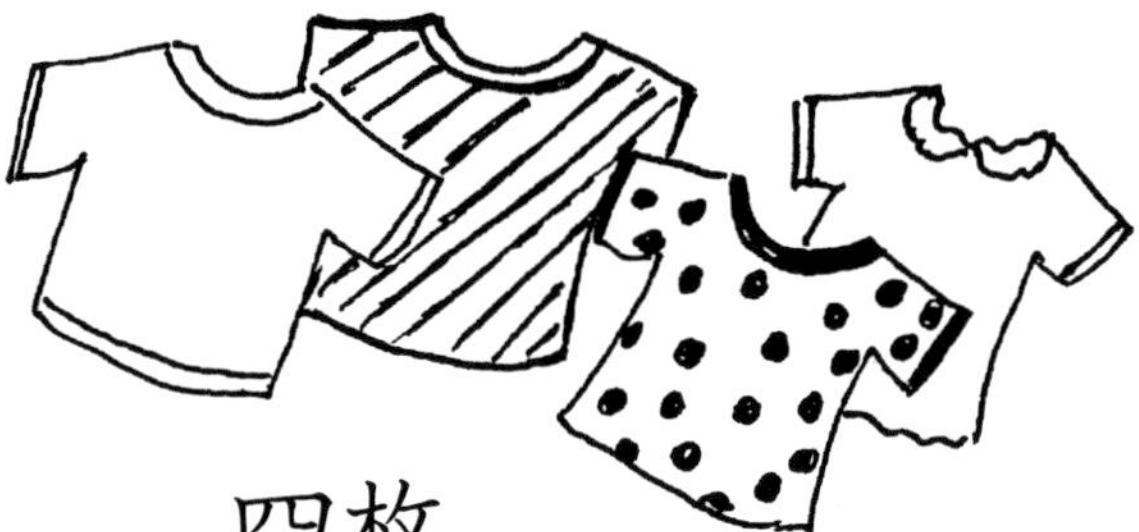

四枚《よんまい》

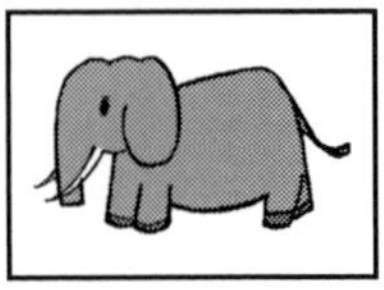

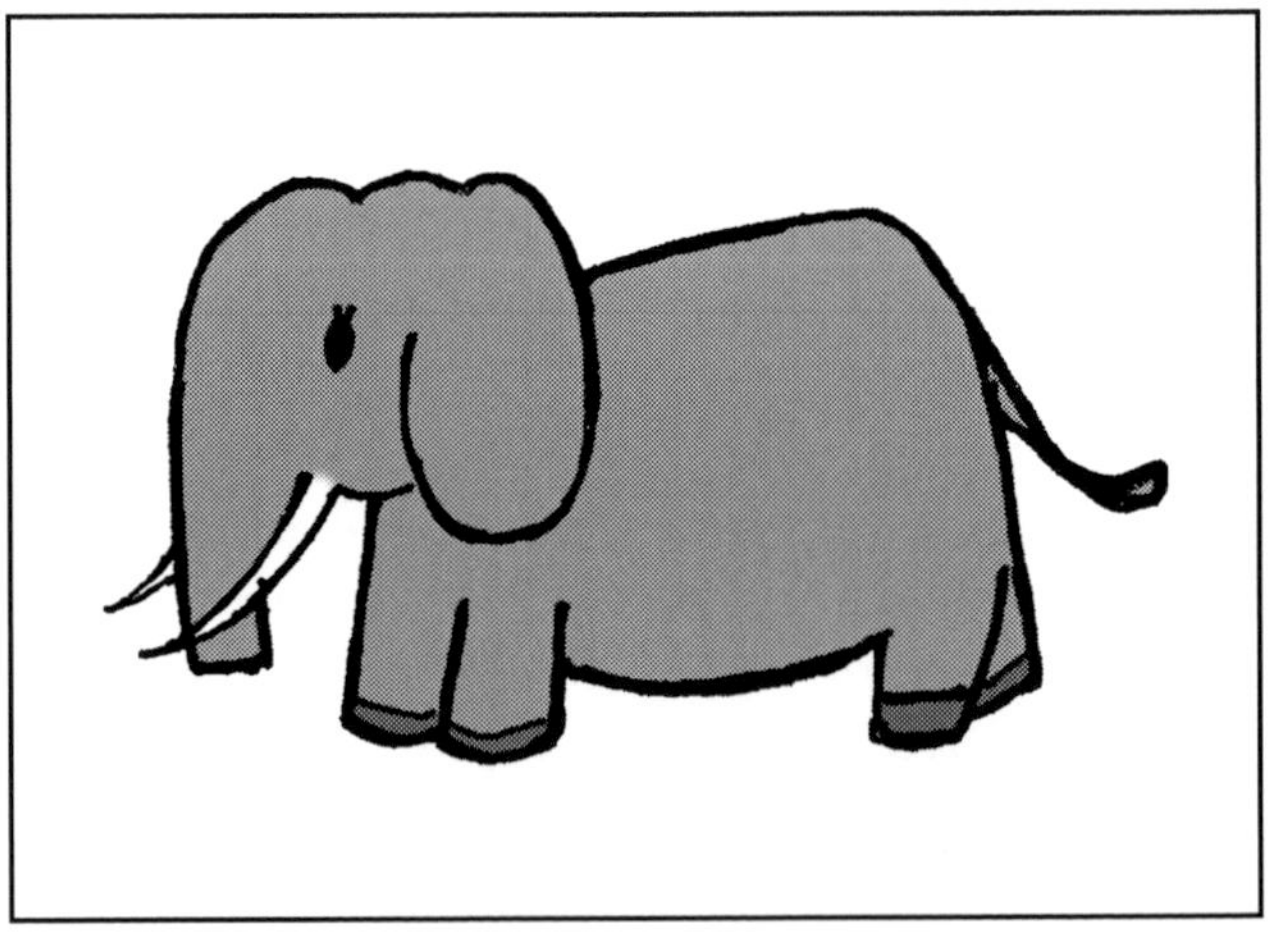

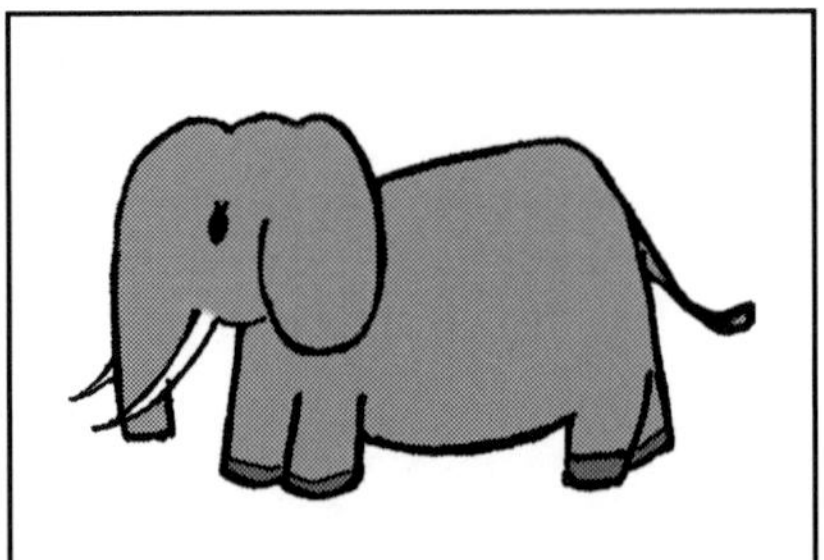

縮小《しゅくしょう》します

拡大《かくだい》します

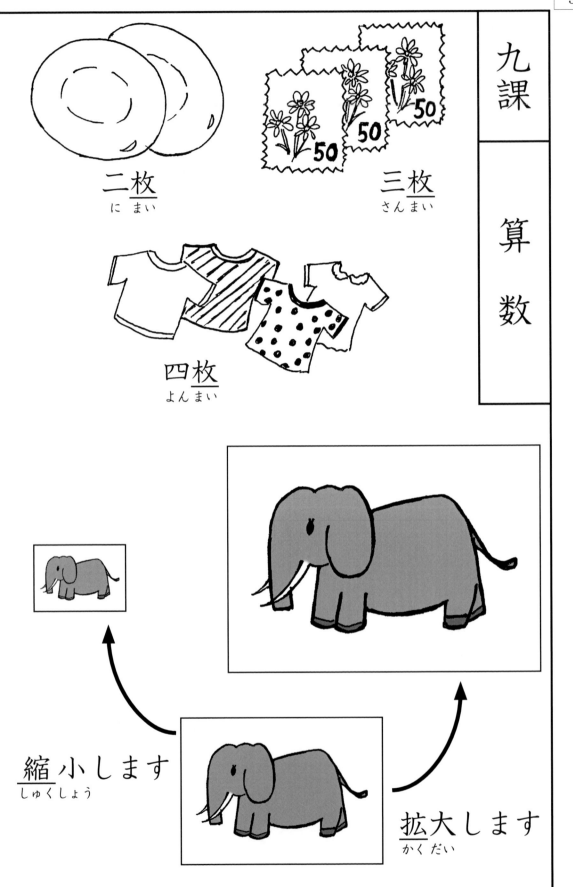

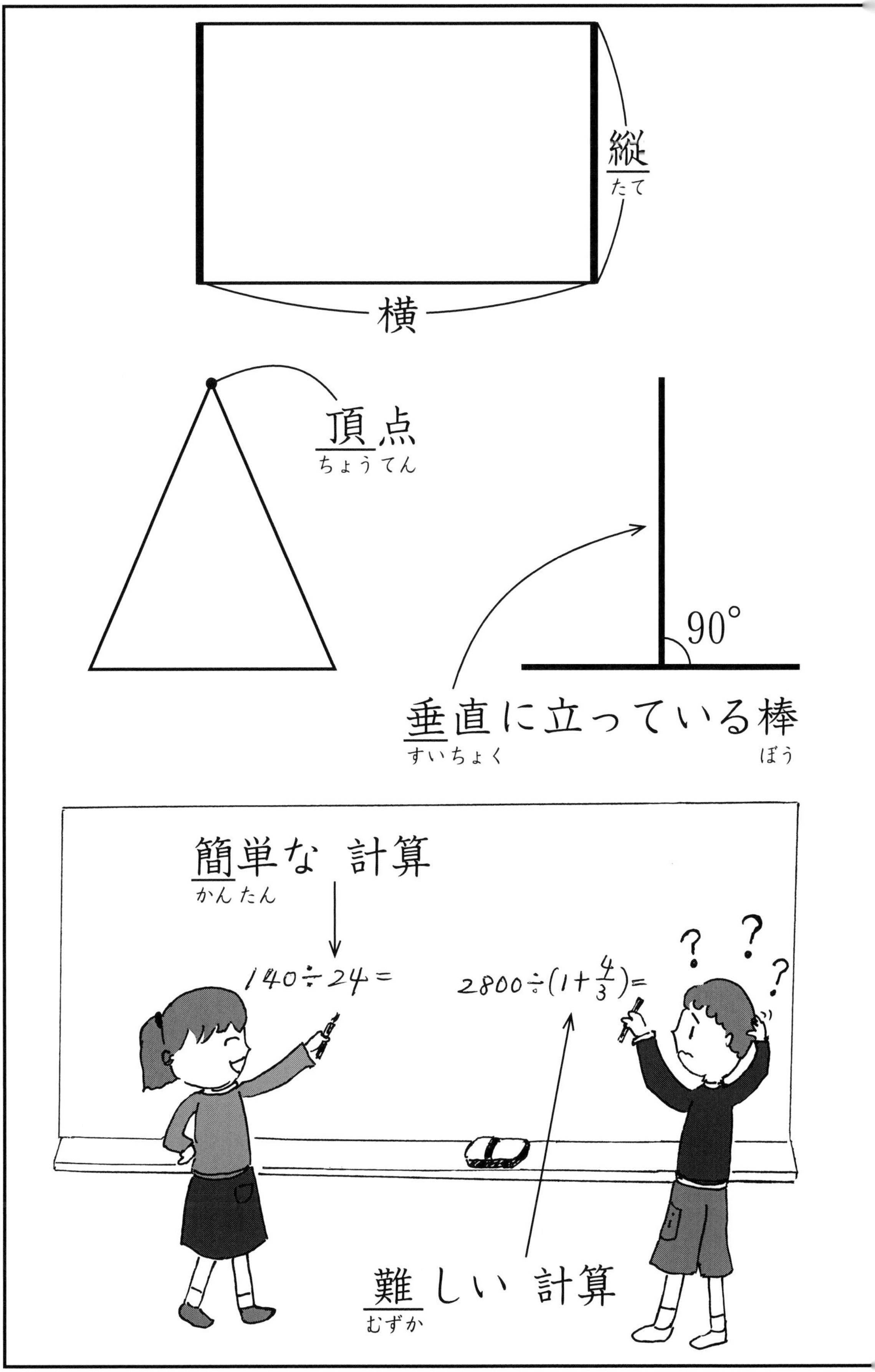
縦《たて》
横
頂点《ちょうてん》
90°
垂直《すいちょく》に立っている棒《ぼう》
簡単《かんたん》な 計算
140÷24=
2800÷(1+4/3)=
？？？
難《むずか》しい 計算

（　　　　）

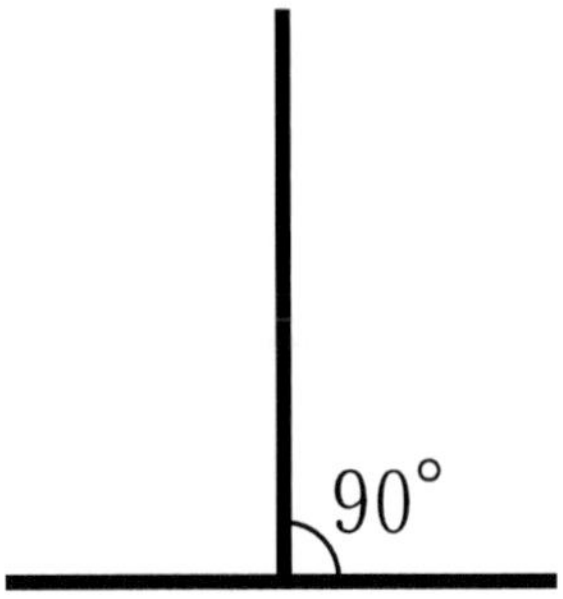

（　　　　）

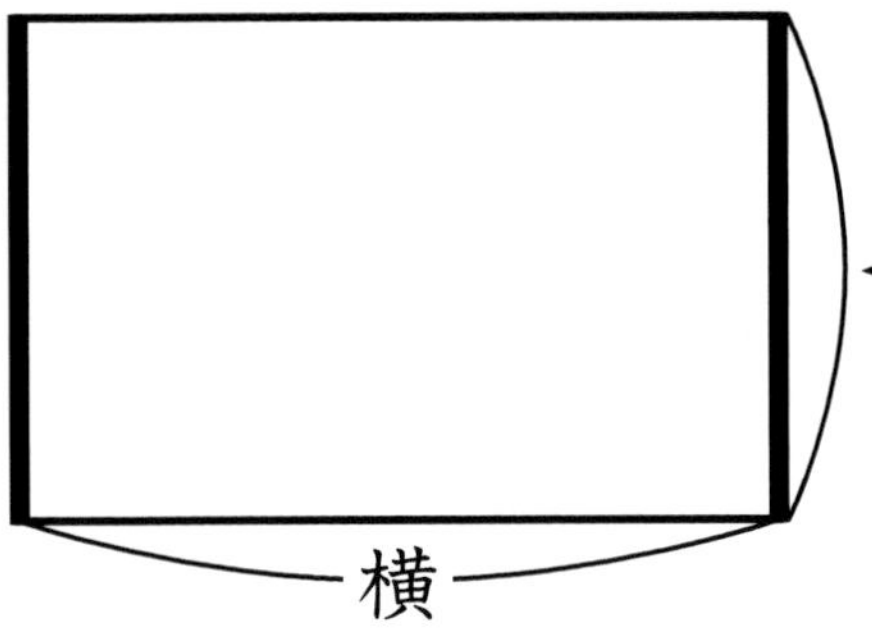

（　　　　）

（　　　　）（　　　　）

一．拡大

二．枚

三．垂直

四．簡単

(　　　　)

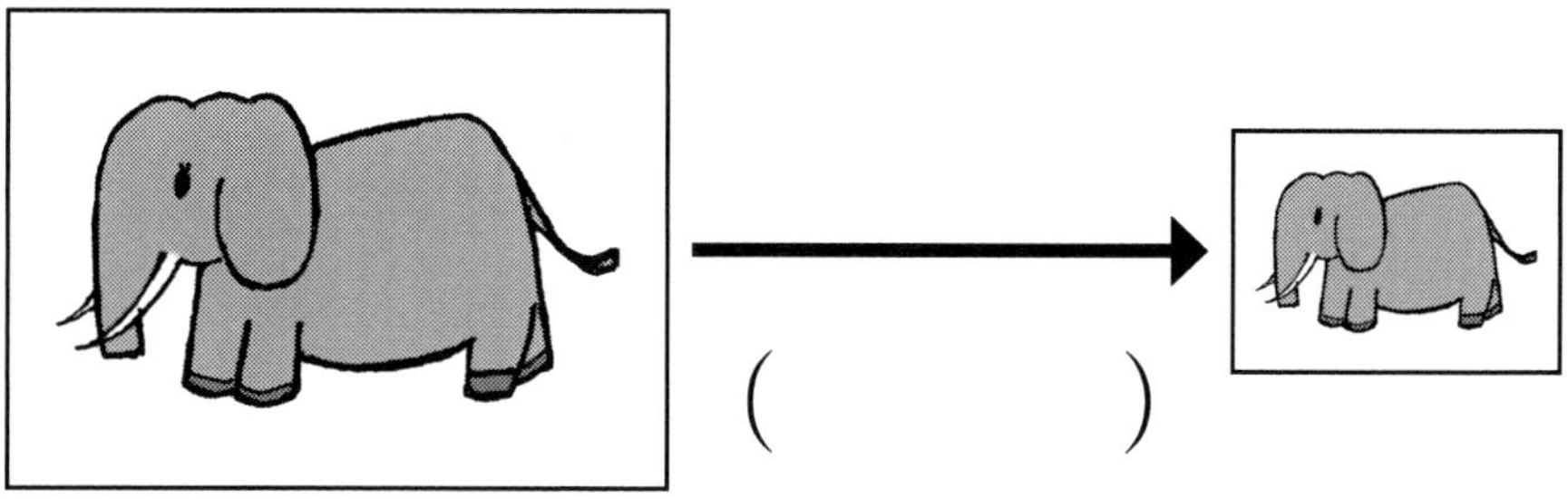

(　　　　)

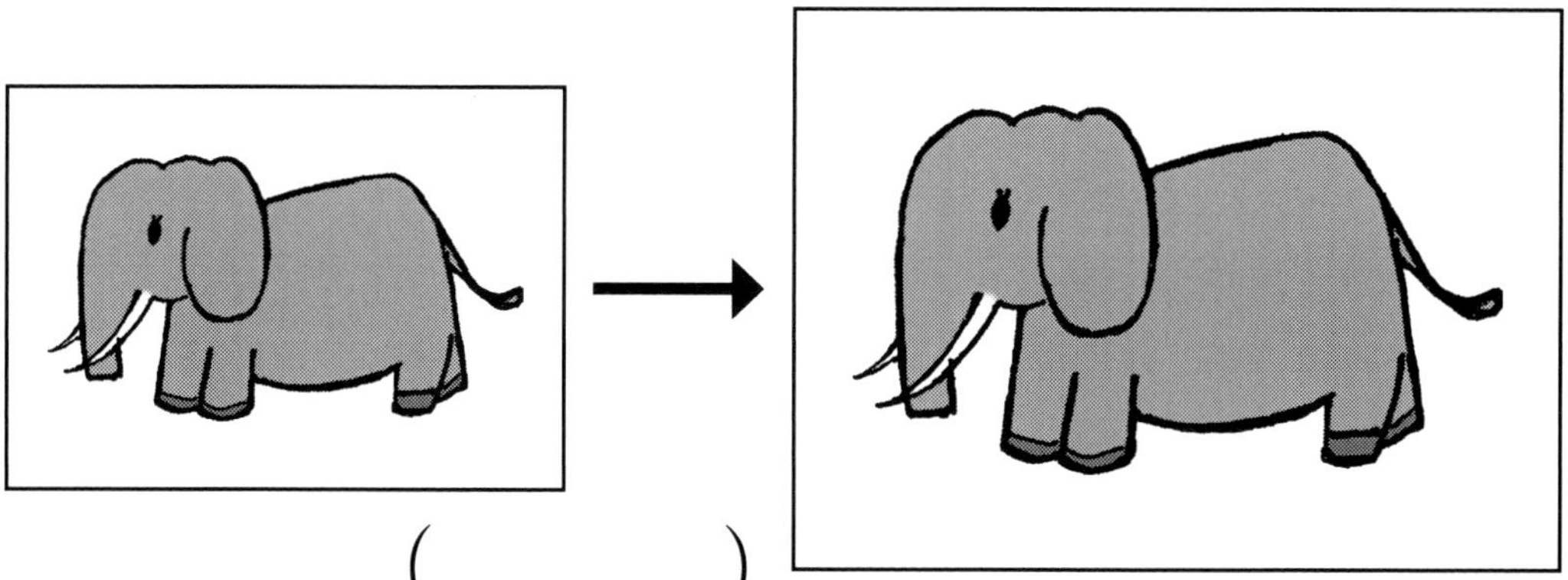

(　　　　)

五. 頂点

六. 縮小

七. 難しい

八. 縦

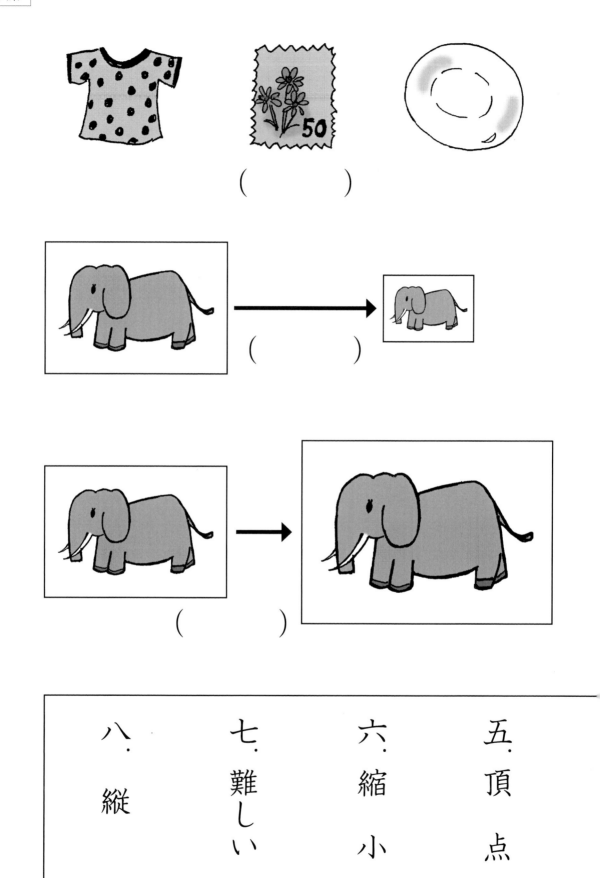

【読み練習】

1. この地図を拡大して、駅から学校まで何キロメートルあるか計りなさい。
2. 簡単な問題はすぐ解けるけど、難しい問題は時間がかかる。
3. 縦と横の長さが同じ四角形を、正方形といいます。
4. 二つの直線が九十度で交わることを垂直といいます。
5. 三角形の頂点は、三つあります。四角形の頂点はいくつありますか。
6. 練習問題を縮小したら、数字が小さくなって計算しにくかった。
7. 千五百円のシャツを二枚と、三千六百円のセーターを一枚買いました。全部でいくらになるでしょう。
8. 定価が十五万円のパソコンを二十パーセント引きで売っています。値段はいくらになりますか。

20%引き
150,000円
120,000円

計《ケイ》算
計《はか》る

理解《カイ》
解《と》く

交《コウ》通
交《まじ》わる

直《チョッ》角
垂直《チョク》

ちょっと一休み
～「特別な読み方」・「々」～

「特別な読み方」

「きのう」を「昨日」と、「きょう」を「今日」と、「あす」を「明日」と書きます。

この本の中にも、「梅雨」と書いて「つゆ」と読む文がありましたね。ふつうは漢字を２字以上つなげて一つのことばになったものを熟語《じゅくご》といいますが、上に書いたもののように、１字１字の読み方で読まないで、ことばとして訓読みで読む漢字があります。これは特別な読み方です。

みなさんが読んでいる「上手《じょうず》」「下手《へた》」、「一人《ひとり》」「二人《ふたり》」、「一日《ついたち》」「二日《ふつか》」もその仲間です。みなさんが知っている「たなばた」も「七夕《たなばた》」と書きます。

「々」

この本に「我々」とか「人々」とか　でてきたのに、気がつきましたか。同じ字を二つ続けて使うときに、「々」を使います。「時々《ときどき》」「木々《きぎ》」「日々《ひび》」「山々《やまやま》」というように書きます。

また人の名前でも「野々村《ののむら》」と書いたり、土地の名前も「代々木《よよぎ》」と書いたりします。みなさんの周りに、そんな字の名前の人や所はありませんか。探《さが》してみてください。

漢字の作り方

「漢字は全部、物の形を表す字と記号の字ですか。」

「いいえ、物の形を表した字や記号の字を使ってたくさん新しい字が出来ました。」

「どんな字ですか。」

「漢字の意味を表す部分と、音を表す部分を組み合わせて作った字があります。
これを形声《けいせい》といって、漢字のほとんどは　こうして作られた字です。」

「例えばどんな字ですか。」

「例えば寺は『じ』という音ですね。それとお日様の『日』と組み合わせると、
時という字になって、読み方は『じ』で、意味は時を表します。

反《はん》 → 夕飯《ゆうはん》　版画《はんが》 ・ 生《せい》 → 女性《じょせい》　衛星《えいせい》　もそうですね。

音の部分は右側だけでなく、いろいろな位置にもあります。

古《こ》 → 事故《じこ》　固体《こたい》 ・ 官《かん》 → 図書館《としょかん》　血管《けっかん》

交《こう》 → 学校《がっこう》　効果《こうか》 ・ 各《かく》 → 価格《かかく》　内閣《ないかく》　など、位置を見てください。

また、意味のある二つ以上の漢字を組み合わせて、意味を持った新しい漢字も作りました。
例えば、『鳴く』は鳥が口を動かすようすからできた漢字です。
『林』は『木』を二つ並べてたくさん木があることを表す漢字です。
『森』は『木』を三つ書いて、『林』よりも『木』が多い所を表す漢字にしました。
このような漢字を会意《かいい》といいます。」

クイズ（三）

音をあらわす部分に注意して読み、漢字の意味を選んで線で結びなさい。

1、フク　腹痛　•　　　•a）むずかしいこと、簡単や単純の反対
（ふくつう）
①復習　•　　　•b）勉強したことをもう１度勉強すること
（　　　）
②複雑　•　　　•c）おなかが痛いこと
（　　　）

2、方《ほう》　①放送　•　　　•a）人をたずねて行くこと
（　　　）
②訪問　•　　　•b）ラジオやテレビなどで伝えること
（　　　）

3、青《せい》　①清書　•　　　•a）病気の時、静かにしていること
（　　　）
②精神　•　　　•b）習字や下書きなどをもう１度、きれいに書くこと
（　　　）
③晴天　•　　　•c）心のこと
（　　　）
④安静　•　　　•d）天気がいいこと
（　　　）

4、古《こ》　①個人　•　　　•a）みずうみの名前
（　　　）
②山中湖　•　　　•b）一人の人のこと
（　　　）
③固体　•　　　•c）形が変わりにくい物
（　　　）

5、責《せき》　①面積　•　　　•a）学校の勉強や試験の結果
（　　　）
②成績　•　　　•b）面の広さをあらわすこと
（　　　）

十課　歴史

国宝《こくほう》の 寺

蒸気機関車《じょうききかんしゃ》

ぼくの 尊敬《そんけい》する人は
アインシュタイン

国連に 加盟《かめい》する

聖火台《せいかだい》に
点火する

将軍《しょうぐん》

貴族《きぞく》

新しい
時代が来た
自由
バンザ〜イ!
古い
時代

革命《かくめい》

日本法隆寺
五重塔

中国
万里の長城

エジプト
ピラミッド

世界遺産《せかいいさん》

モスク
(イスラム教)

教会
(キリスト教)

お寺
(仏教)

世界の 三大宗教《さんだいしゅうきょう》

・　　・国宝の寺

・　　・世界遺産

・　　・貴　族

・　　・尊敬する人

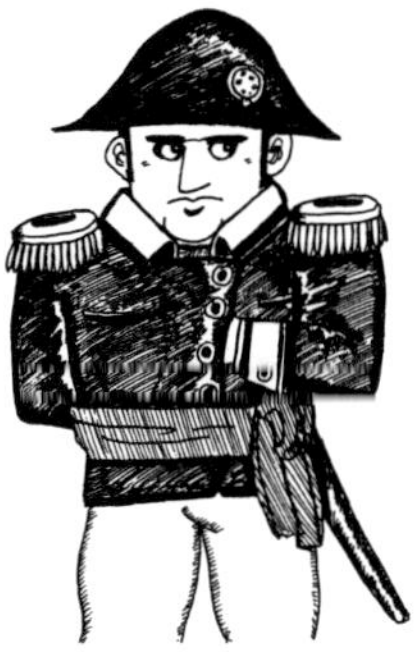

• • 蒸気機関車

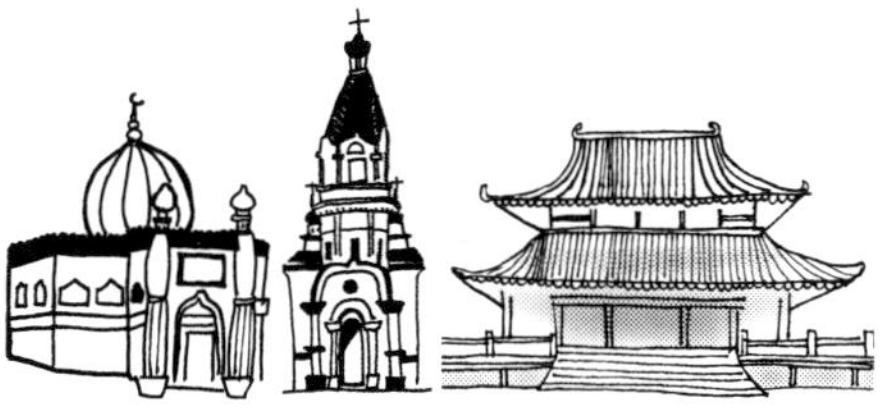

• • 革　命

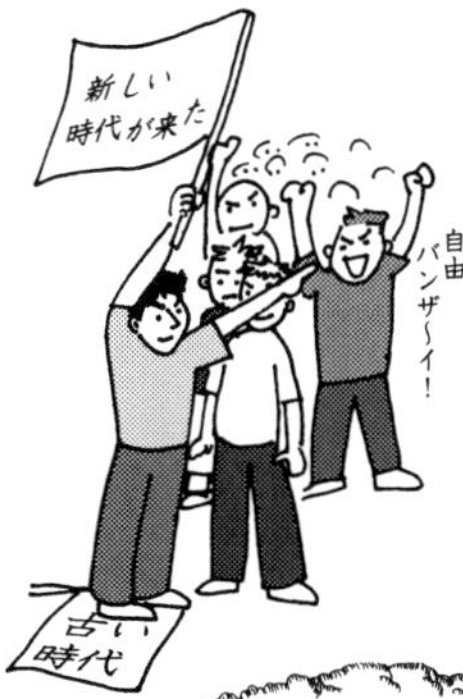
新しい
時代が来た
自由
バンザ〜イ!
古い
時代

• • 将　軍

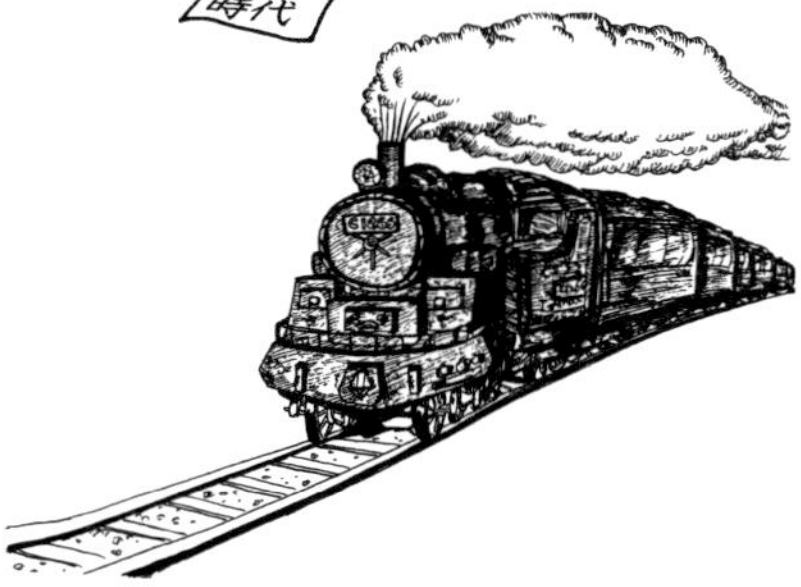

• • 聖火台

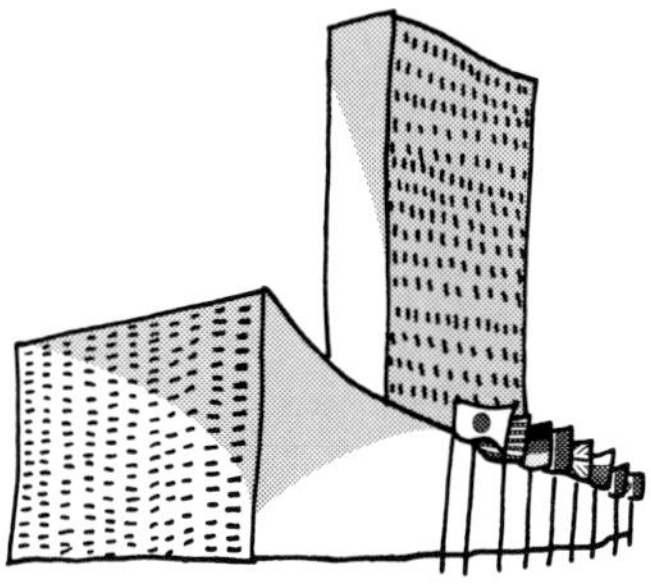

• • 三大宗教

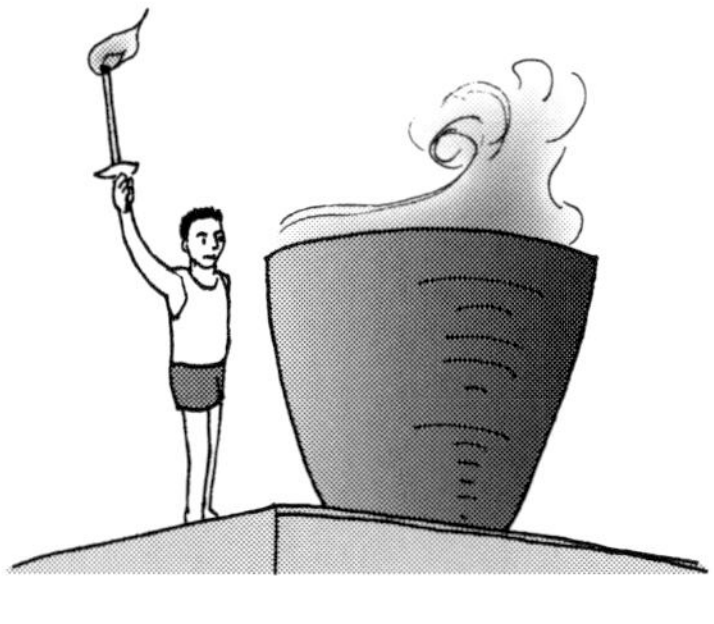

• • 加盟する

【読み練習】

1. 日曜日に、国宝のお寺を見学しました。このお寺は、文化遺産として　大切に守られています。

2. 多くの人々は　神様や仏様を　信じています。これを宗教といいます。

3. 一九六四年、アジアで初めてのオリンピック大会が、東京で開かれました。開会式の日（十月十日）、聖火は　赤々と燃え上がりました。

4. 今から八百年ぐらい前に、日本は　貴族の時代から　武士の時代になりました。

5. 一六〇三年に徳川家康《とくがわいえやす》は、江戸幕府《えどばくふ》（武士が政治を行うところ）を開いて、将軍になりました。

仏《ブツ》像
仏《ほとけ》様

燃《ネン》料
燃《も》える

6. コンピューターは、二十世紀の末に発明されました。
こんなすごい物を考えた人を尊敬します。

7. 団体に加わることを　加盟といいます。
一九五六年に、日本は　国際連合に加盟しました。

8. 十八世紀の中ごろ、イギリスで　機械や蒸気機関が発明されて、
早く大量に物が作られるようになりました。これを産業革命といいます。

いろいろな読み方４「着」

着《き》る　人形《にんぎょう》に着物を着せる。
着《つ》く　この電車は何時に京都に着きますか。
到着《とうちゃく》　三時に到着します。

末《マツ》　末《すえ》　明《あか》るい　発明《メイ》　参加《カ》　加《くわ》わる　大《おお》きい　大《だい》好き　大量《タイ》　命《いのち》　革命《メイ》

十一課 学校

	月	火	水	木	金
1	理科	算数	理科	総合	音楽
2	算数	国語	理科	総合	体育
3	国語	家庭科	社会	算数	図工
4	体育	社会	算数	国語	算数
5	社会	音楽	国語	道徳	国語
6	学級会			クラブ	

時間割《じかんわり》

24才
6年2組

担任《たんにん》の 先生は 若《わか》い

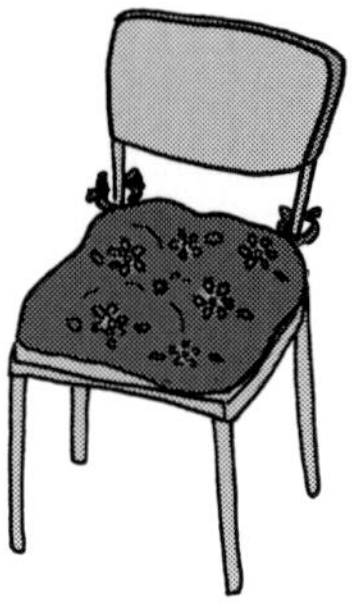

座《ざ》ぶとん

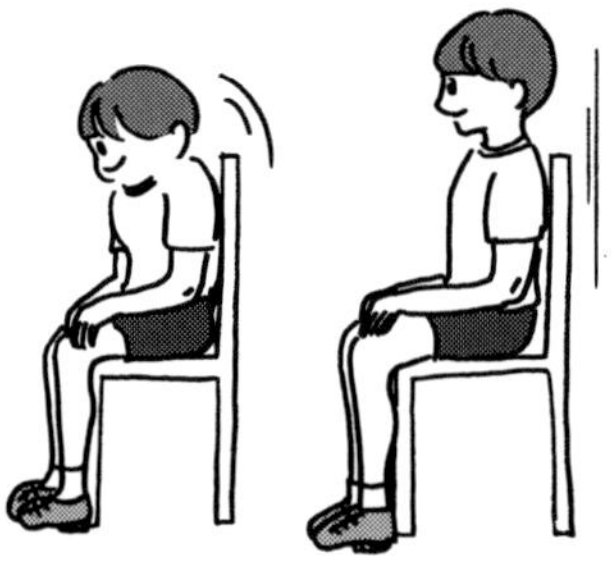

はじめまして、
タオです。
ベトナムから
きました。

良い姿勢《しせい》・悪い姿勢《しせい》

自己《じこ》しょうかい

好ききらいをすると
体によくないよ。

私《わたし》の 顔

先生の 忠告《ちゅうこく》

盛《も》る

机《つくえ》の

上に 忘《わす》れる

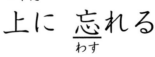

学級日誌《がっきゅうにっし》

班《はん》

意欲《いよく》を 持って 勉強する

鉄棒《てつぼう》

早退《そうたい》する

補欠選手《ほけつせんしゅ》

呼《よ》ぶ

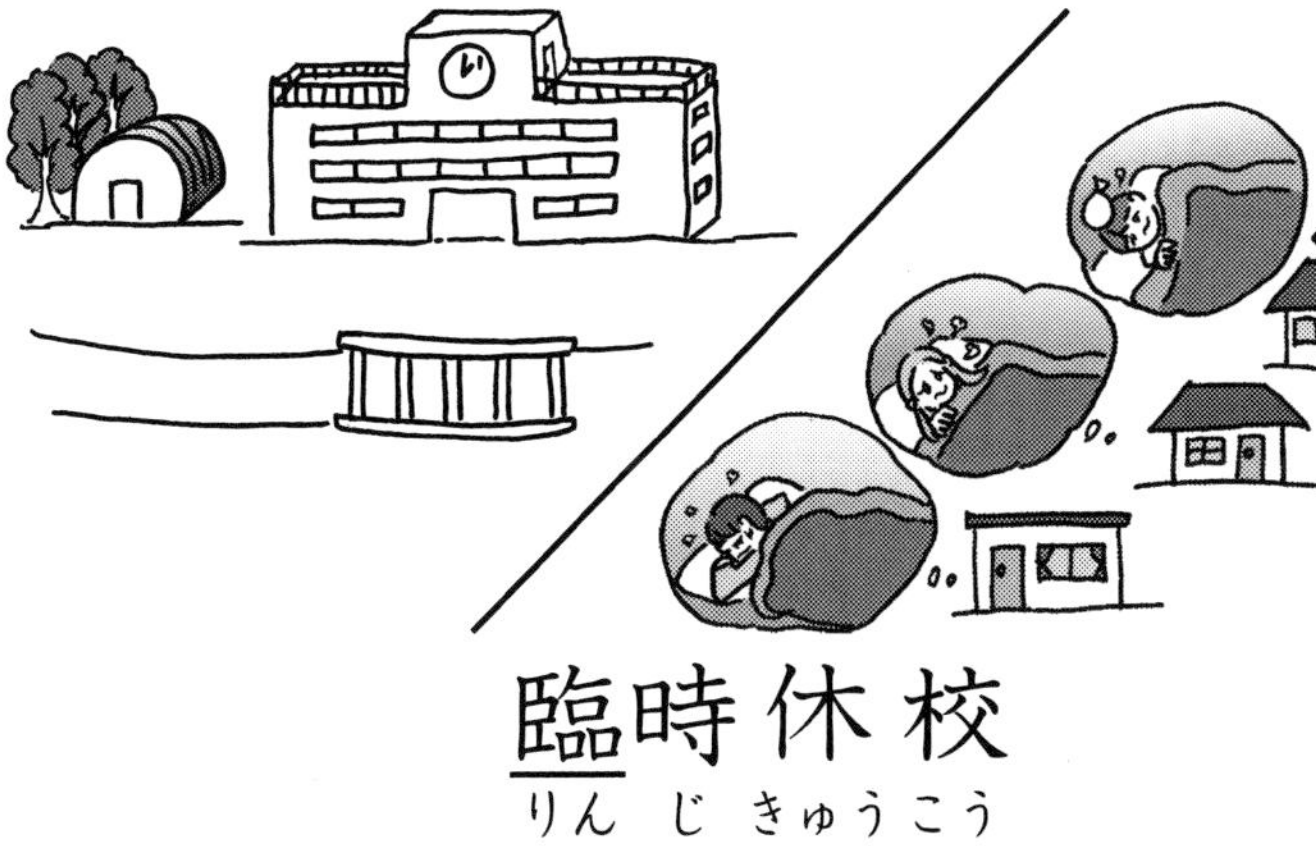

臨時休校《りんじきゅうこう》

窓《まど》を 閉《し》める

	月	火	水	木	金
1	理科	算数	理科	総合	音楽
2	算数	国語	理科	総合	体育
3	国語	家庭科	社会	算数	図工
4	体育	社会	算数	国語	算数
5	社会	音楽	国語	道徳	国語
6	学級会			クラブ	

(　　　　)　(　　　　)

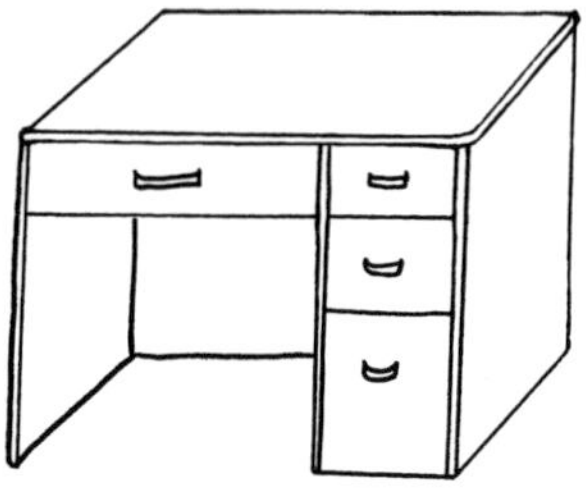

(　　　　)　(　　　　)　(　　　　)

おーい、林君！

(　　　　)　(　　　　)　(　　　　)

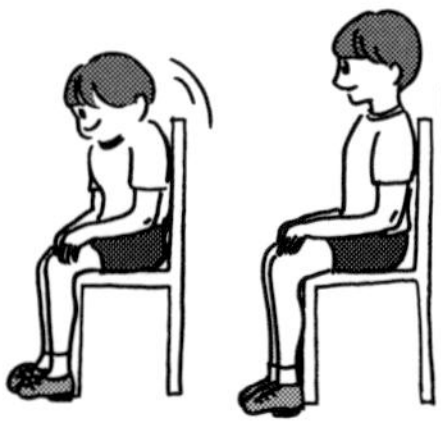

はじめまして、タオです。ベトナムからきました。

(　　　　)　(　　　　)　(　　　　)

一．時間割
二．臨時休校
三．鉄棒
四．机
五．自己しょうかい
六．呼ぶ
七．窓
八．姿勢
九．忘れてきた
十．閉める
十一．早退する

(　　　)

(　　　)

(　　　)

先生は２４才

(　　　)

(　　　)

(　　　)

好ききらいをすると
体によくないよ。

(　　　)

9月15日(水)
9月16日(木)

(　　　)

(　　　)

(　　　)

一．先生の忠告
二．班
三．補欠選手
四．担任の先生
五．私の顔
六．意欲を持って勉強する
七．盛る
八．座ぶとん
九．学級日誌
十．若い先生

【読み練習】

1. 学校で問題が起きたときは、担任の先生に相談しています。
2. 修学旅行の班を決めました。私は春子ちゃんと同じ班になりました。
3. 私の机は、窓の横にあるので、外がよく見えます。
4. この座ぶとんは、お母さんが作ってくれました。かわいいでしょう。
5. 自己とは自分のことです。
   初めて会った人に　自己しょうかいを　しましょう。
6. 先生が「ドアは静かに閉めましょう」と　おっしゃいました。
7. 夏休みに　臨海学校に行きます。臨海は、海の近くという意味です。
8. 補欠選手は、選手が試合に出られないときに　試合に出ます。

9. 校庭で鉄棒をして遊んでいたら、先生に呼ばれました。

10. 相手のためを思っていう意見を　忠告といいます。

11. 六年一組の担任の先生は、二十五才で　若いです。

12. 毎日　順番にクラス日誌をつけます。私の前の田中君の文章はおもしろいです。

13. 早退とは　決められた時間より早く帰ることです。

14. 体育のとき、先生に「姿勢をよくしなさい」と言われたので、背中をのばしました。

15. 「やろう」という気持ちを意欲といいます。勉強に意欲をもつことが大切です。

16. 時間割を　確認《にん》しなかったので、体操着を忘れてしまいました。

17. 私は野菜が好きなので、給食のとき、サラダをたくさん盛ってもらいました。

着《き》る
体操着《ぎ》

十二課 毎日の生活(一)

牛乳《ぎゅうにゅう》

冷《れい》蔵《ぞう》庫《こ》

卵《たまご》

捨《す》てる

砂《さ》糖《とう》

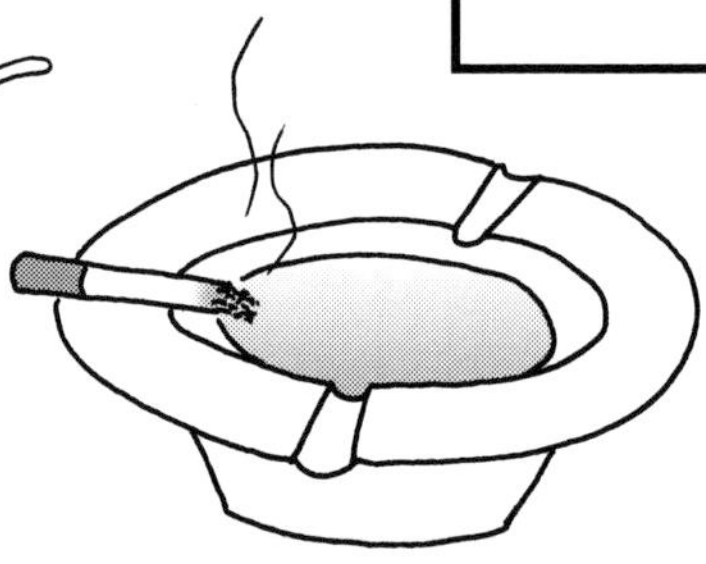

灰《はい》皿《ざら》

干《ほ》す

洗《せん》たく

届《とど》ける

至急《しきゅう》

故障《こしょう》

通勤《つうきん》

探《さが》す

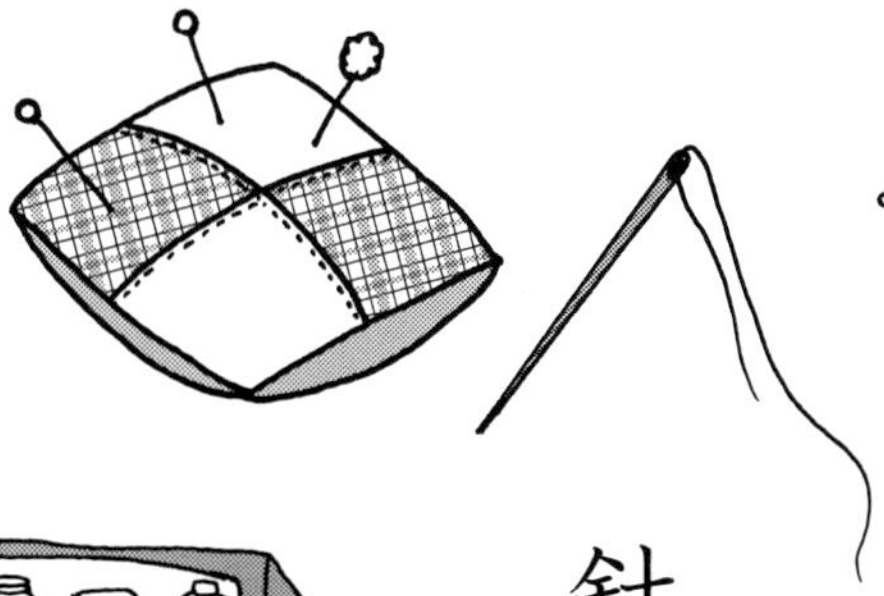

針《はり》

保存《ほぞん》する

善意《ぜんい》

(　　　　)

(　　　　)

(　　　　)

(　　　　)

(　　　　)

(　　　　)

(　　　　)

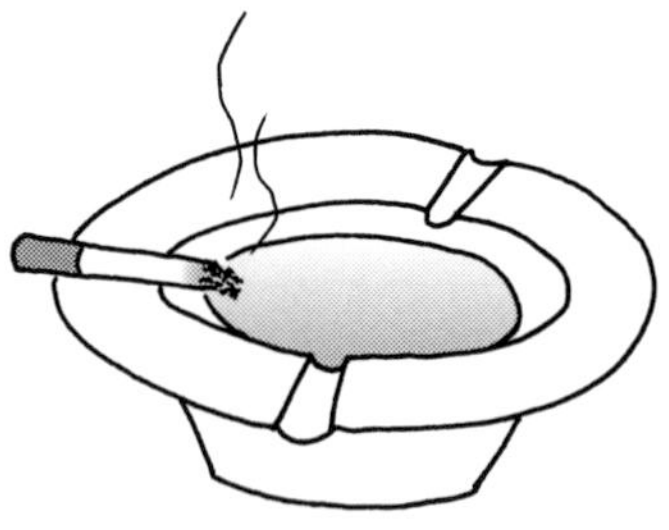

(　　　　)

一．灰皿

二．至急

三．故障

四．洗たく

五．冷蔵庫

六．通勤

七．捨てる

八．探す

(　　　)

(　　　)

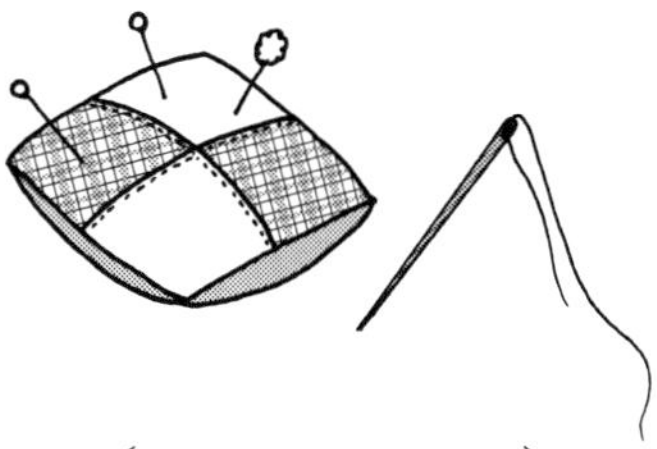

(　　　)

(　　　)

(　　　)

(　　　)

(　　　)

(　　　)

一．砂糖
二．針
三．善意
四．牛乳
五．卵
六．保存する
七．届ける
八．干す

【読み練習】

1. お母さんは　卵や牛乳を買ってくると、冷蔵庫に入れて保存します。
2. 雨が上がりました。急いで　洗たく物を干しましょう。
3. テレビが故障したので、「至急　修理に来てください。」と、電気屋さんに　たのみました。
4. 母は、コーヒーに砂糖とミルクを入れて飲みますが、父は何も入れないで飲みます。　苦いのに平気です。
5. 針を落としてしまいました。危ないから磁石を使って探しました。
6. 灰皿は燃えないごみですから、あのごみ箱に　捨ててください。

牛《うし》　牛《ギュウ》乳

冷《つめ》たい　冷《レイ》蔵庫

砂《すな》　砂《サ》糖

危《キ》険　危《あぶ》ない

皿《さら》　灰皿《ざら》

7. 大地震《おおじしん》の後、人々の善意でたくさんのお金が集まりました。

8. 災害のあった地域に届けたら、着いたというお礼の手紙が来ました。

お父さんは、「朝の通勤の時間は、電車がとてもこんでいて大変だ。」と言っています。

いろいろな読み方5「生」

生活《せいかつ》 日本での 生活 になれましたか。

誕生日《たんじょうび》 誕生日 に友達を招いて誕生会をした。

一生《いっしょう》 小学校から死ぬまで 一生 仲良しの友達でいようね。

生《う》まれる 子犬が五匹 生まれた。

生《い》きる この魚はまだ 生きて いる。

生《なま》 さしみや、すしは 生 の魚で作ります。

生《は》える 赤ちゃんに歯が 生えて きた。

着《き》る　着《つ》く
変《か》わる　大変《ヘン》

十三課 毎日の生活(二)

命の 恩人《おんじん》

幼《おさな》い 弟

お金を 預《あず》ける

ぼくの 収入《しゅうにゅう》

値段《ねだん》

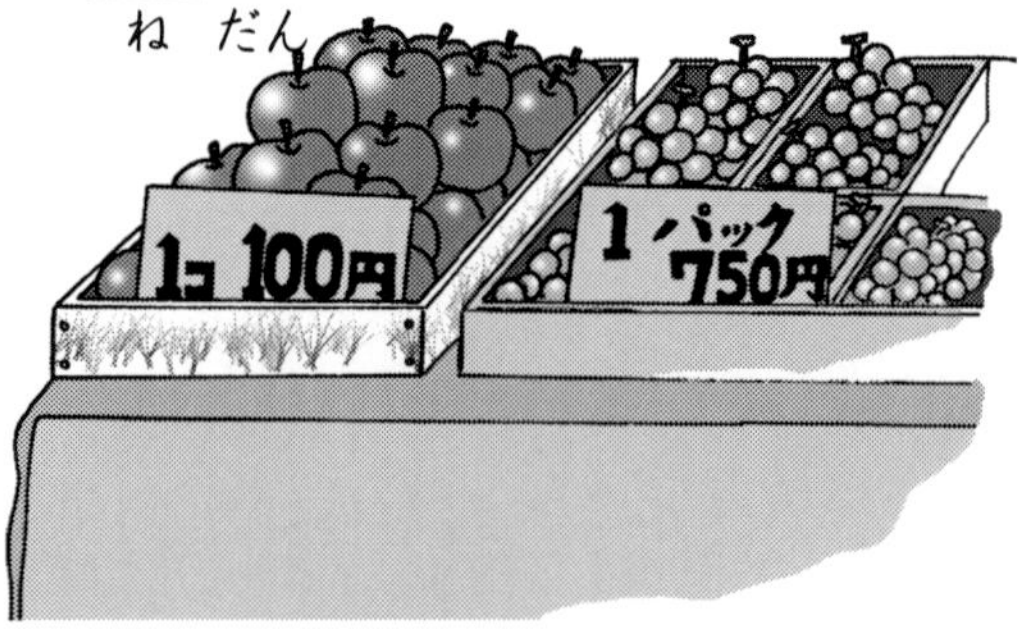

模型《もけい》

並《なら》ぶ

片道《かたみち》

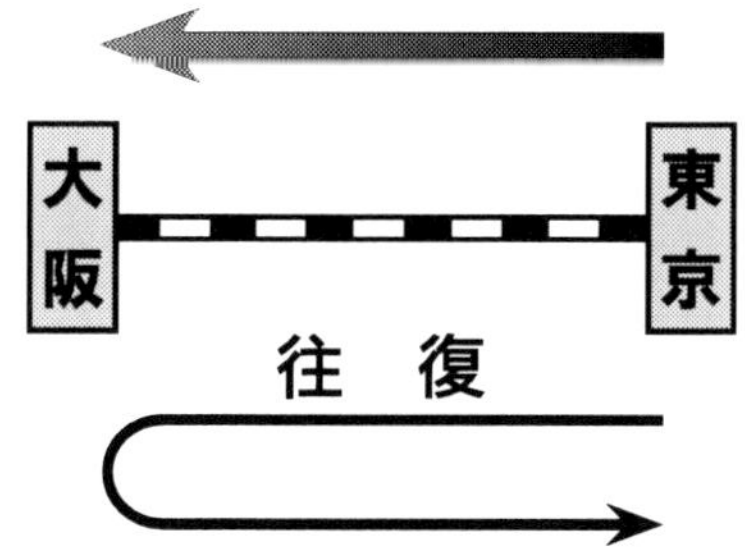
大阪
東京
往復

晩《ばん》ごはん

当駅
市場
上町
下町
公園前
坂下
160 80
200 100
200 100
260 130
300 130
きっぷ発売中
おとな
こども

運賃《うんちん》

乗車券《じょうしゃけん》を 買う

前の 晩《ばん》　翌朝《よくあさ》

11日
12日
前の晩は雨だったけど、翌朝はいい天気になったんだ。

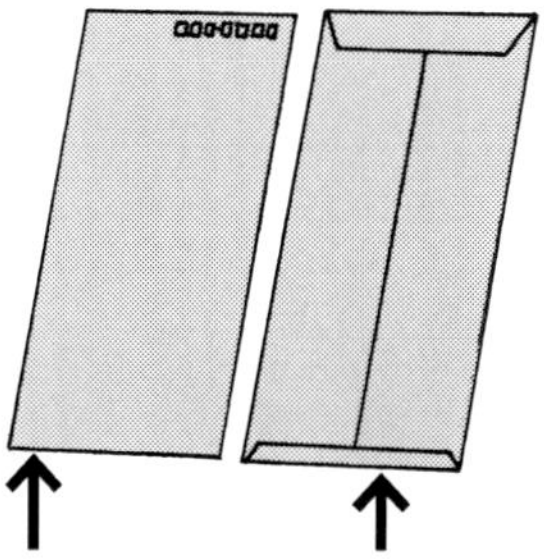

表 と 裏《うら》

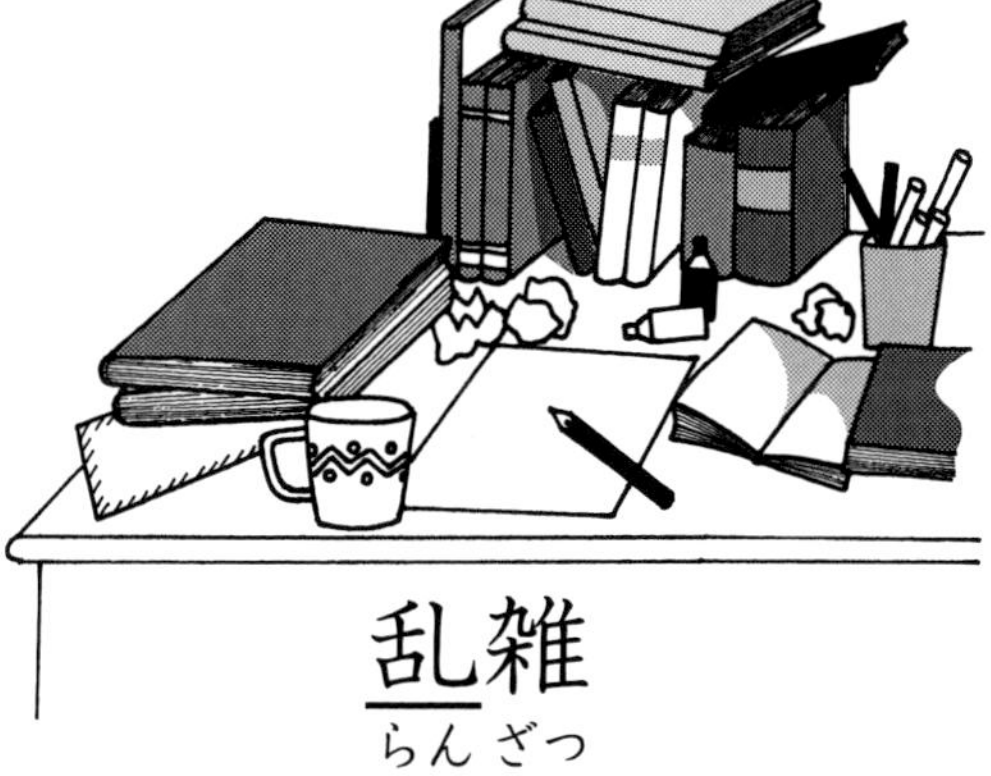

乱雑《らんざつ》

駅前
かんじバス
時刻表

時刻表《じこくひょう》

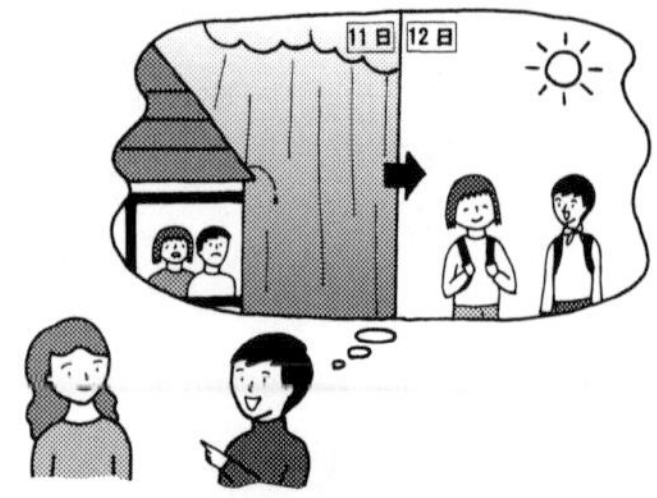

• •収　入

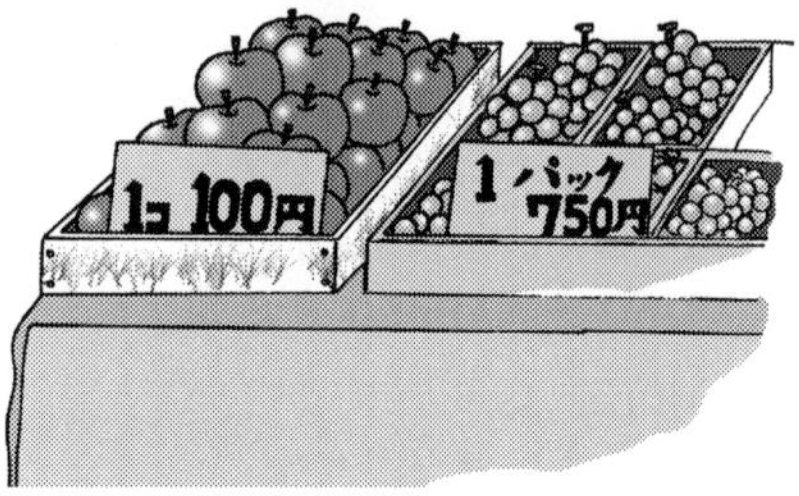

• •晩ごはん

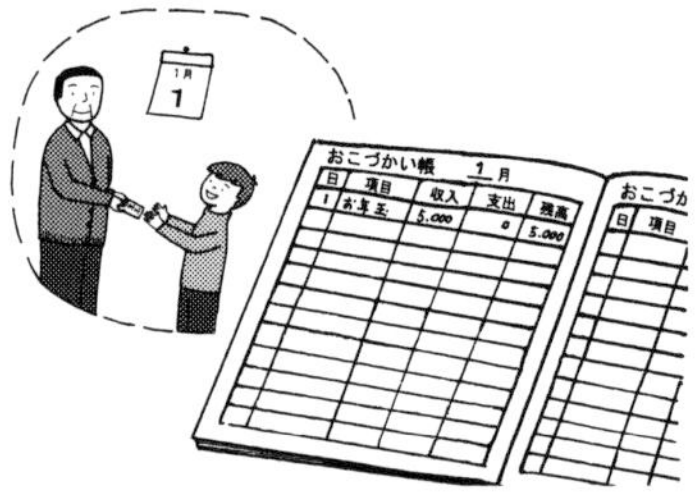

• •お金を預ける

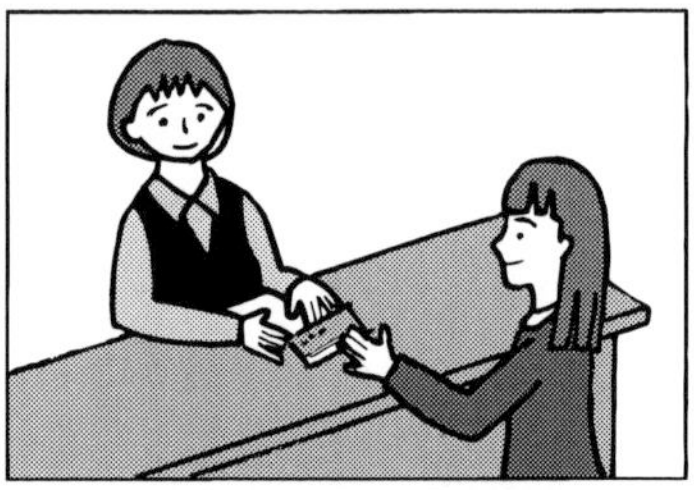

• •表と裏

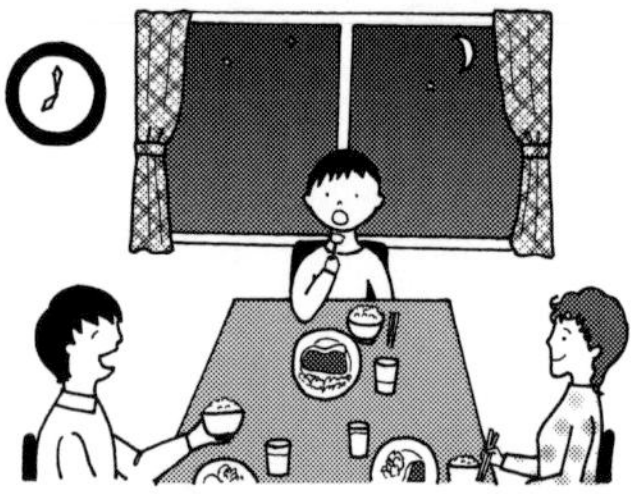

• •値　段

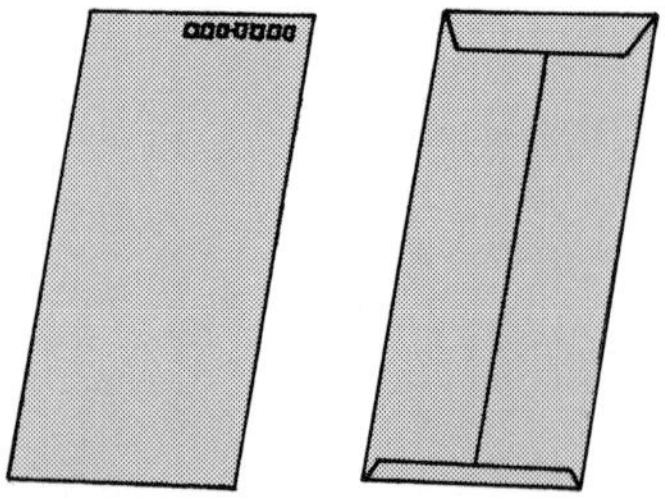

• •並　ぶ

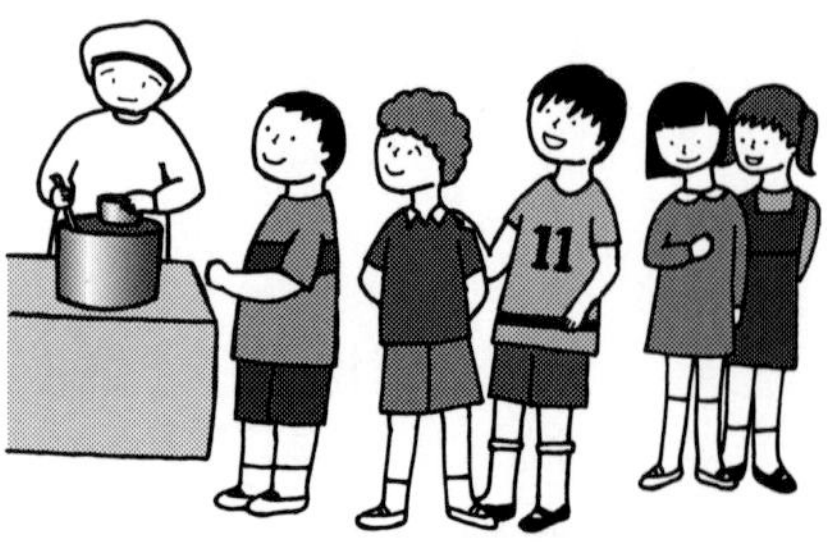

• •翌　朝

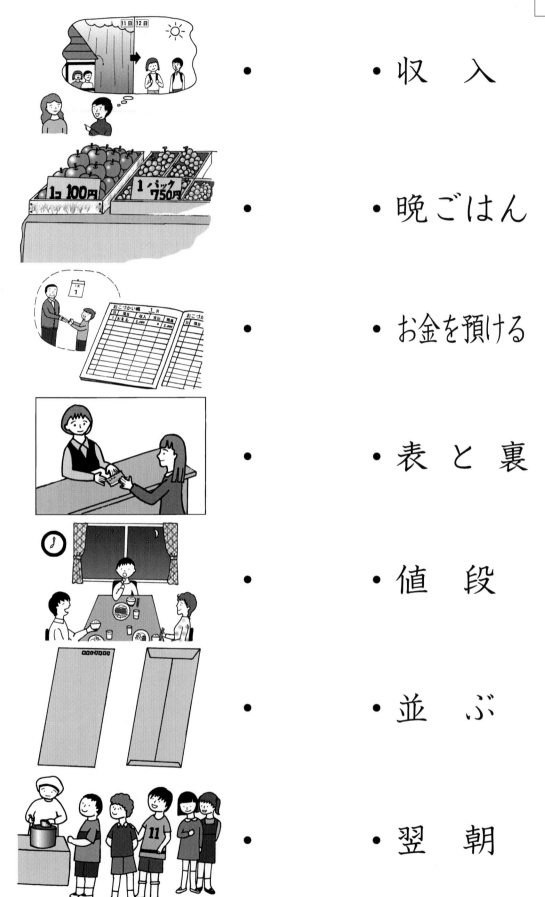

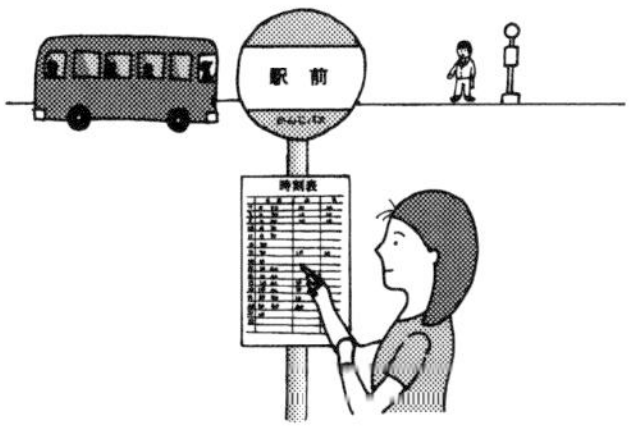

・幼い弟

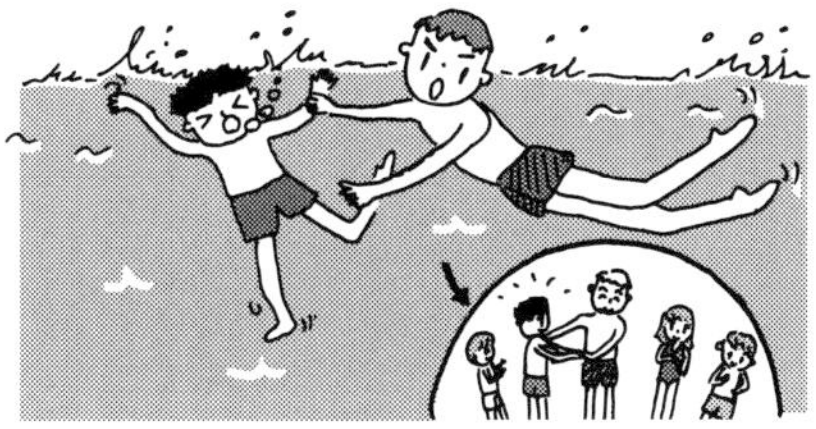

・恩人

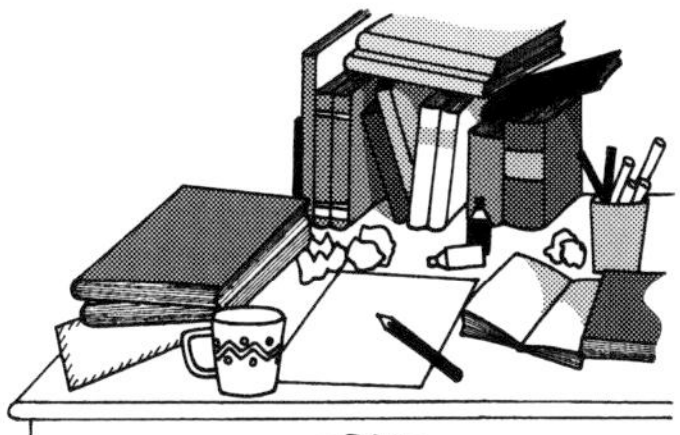

・片道

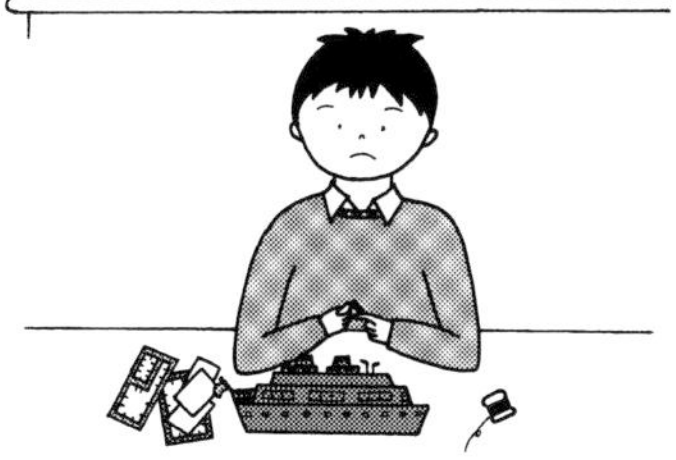

・乗車券を買う

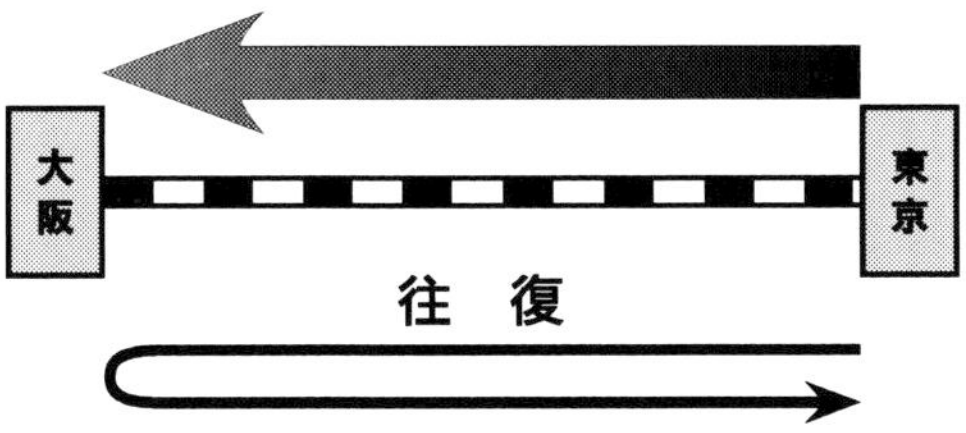

・時刻表

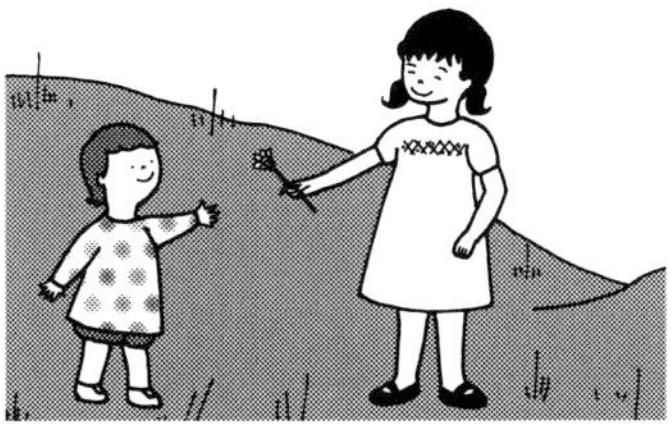

・運賃

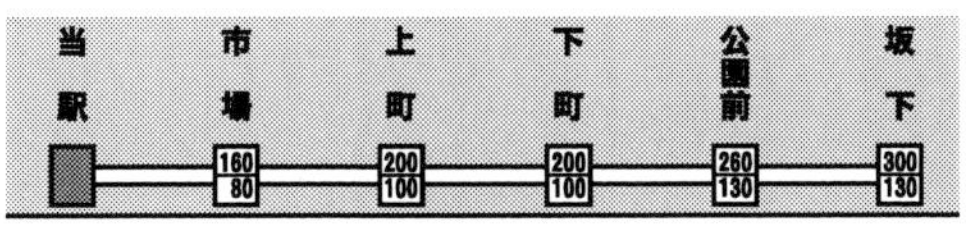

・乱雑

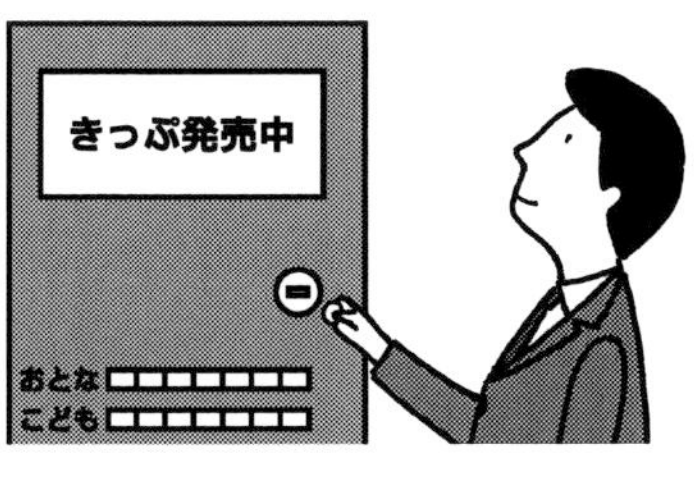

・模型

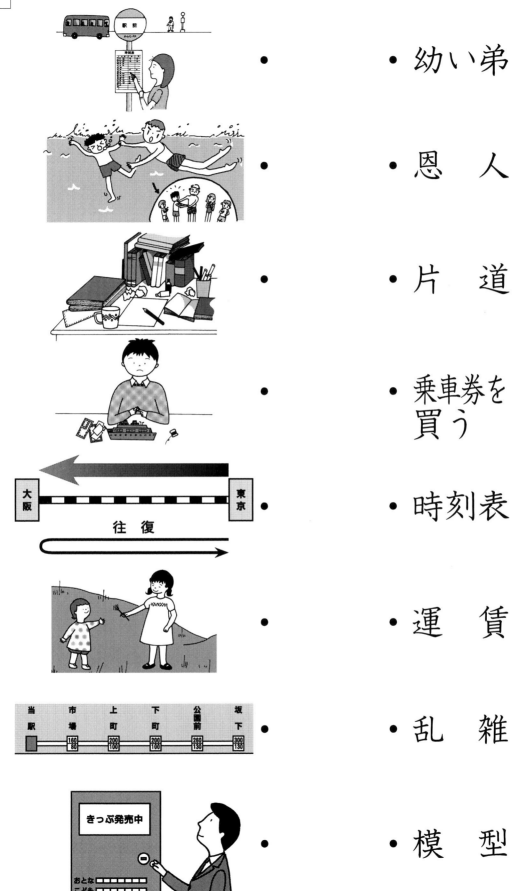

【読み練習】

1. 広島《ひろしま》に行くことになったので、往復乗車券を買います。新幹線の時刻表で、乗る電車と運賃を調べました。運賃は前より値上がりしていました。

2. 幼いとき、車の模型が大好きで、いつも並べて遊んでいました。だから、車の種類がみんなわかります。

3. お母さんは料理が上手です。野菜は、料理してから一晩おいて翌日食べると、もっとおいしくなります。

4. お父さんの仕事が少なくなって、収入が減ったそうです。ぼくのおこずかいも 減らされました。困ったな。使いすぎないように、お母さんにお金を預けます。

幹《みき》
新幹《カン》線

大型《がた》
模型《ケイ》

日《ひ》
日《ニチ》よう日《び》
翌日《ジツ》

5. 片方のくつしたが見つかりません。しかたがないから
ほかのくつしたを　はいていきましょう。

6. ドアをバタンと閉めたら、おばあさんに「静かに閉めなさい。
乱暴な子だね。」としかられました。

7. 日本では、手紙を出すとき、ふうとうの表に相手の名前を書いて、
裏に自分の名前を書きます。

8. 海でおぼれたとき、トム君のお父さんが助けてくれました。
トム君のお父さんは　命の恩人です。

表《ヒョウ》
表《あらわ》す
表《おもて》

漢字の読み方

「漢字にはたくさんの読み方がありますね。『山』をどう読みますか。」

「『やま』と『サン』と読みます。」

「『やま』と読むのを訓読《くんよ》みと言って、『サン』と読む読み方を音読《おんよ》みといいます。」

「どうして、一つの漢字を音と訓で読むようになったのですか。」

「漢字が中国から日本に入ってきたとき、中国語の発音のままで読みました。それが音読みです。

そのうち、同じものが日本にあるのでその字を日本語の言い方で読むことにしたのです。それで、中国語の発音を使った『音』と

その漢字を、日本語の意味にあてはめた『訓』ができあがりました。」

「ときどき、同じ音《おと》の字やことばがありますね。『日』と『火』とか、

『木』と『気』とか、『会う』と『合う』とか。」

「同じ音ですが、意味が違います。漢字を組み合わせてできた熟語にも同じ音で意味の違うものがたくさんあります。『協力』と『強力』、『二本』と『日本』ということばなど。」

「どうやって字を選ぶのですか。」

「そのことばだけ聞いてもわかりません。文を読んだり聞いたりすると、どちらの意味か分かります。漢字を習ったら、意味をよく覚えて、文の中で正しく使うようにしてください。」

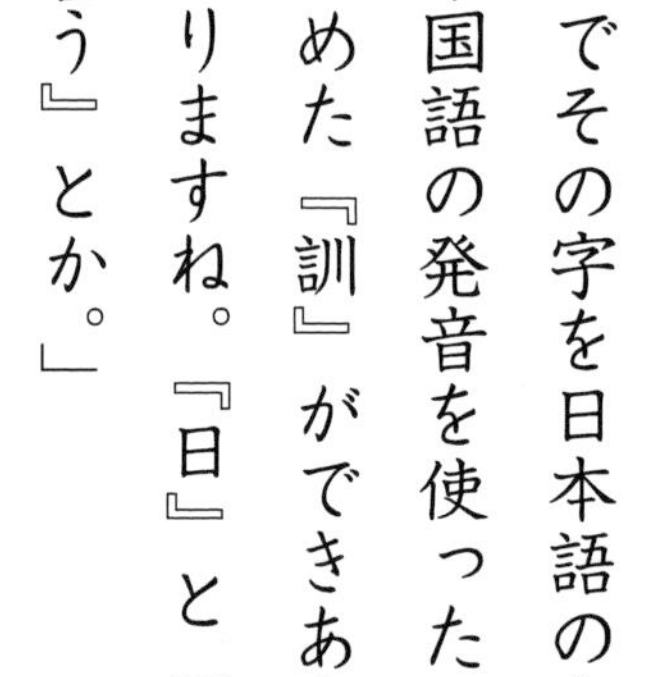

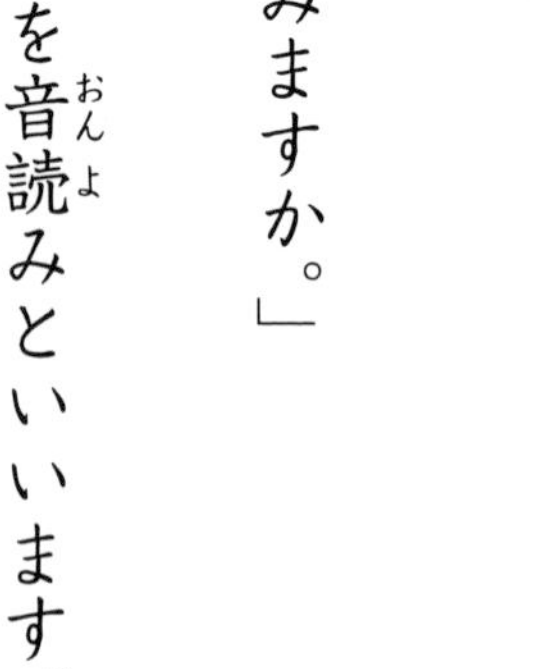

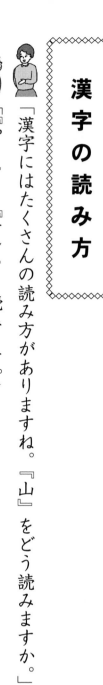

クイズ（四）

文の（　　　）中に正しい漢字を入れましょう。

1．なおす　(直す　治す)
①　父はコンピューターを　自分で（　　　）します。
②　薬をのんだら　お腹が痛いのがすぐ（　　　）りました。

2．きく　(聞く　効く)
①　あの子は、好きな音楽を（　　　）くと、すぐおどりだします。
②　この薬は　とてもよく（　　　）きます。

3．あう　(合う　会う)
①　ディズニーランドに行ったら、友達に（　　　）った。
②　この答えは（　　　）っていますか。

4．かう　(買う　飼う)
①　お父さん、ぼくが世話をするから、犬を（　　　）ってください。
②　あのスーパーで（　　　）った野菜は、新しくておいしいですね。

5．いま　(今　居間)
①　家族は　夜（　　　）に集まって、テレビを見たり話したりする。
②　（　　　）雨が降っていますから、もう少し後で出かけましょう。

6．じこ　(事故　自己)
①　初めて会った人に（　　　）しょうかいをします。
②　交通（　　　）で、電車が止まっています。

7．きょうりょく　(強力　協力)
①　みんなで（　　　）して展覧会に出す作品を作った。
②　（　　　）な　のりを使って張りました。

8．さいかい　(再会　再開)
①　３年のときアメリカに行った友達が帰ってきて、（　　　）した。
②　雨がやんだので、試合が（　　　）した。

9．せいしょ　(清書　聖書)
①　この作文を（　　　）してきてください。
②　お父さんは　時々（　　　）を読んでいます。

10．かんしん　(関心　感心)
①　山田君はよく弟の世話をする（　　　）な子です。
②　ぼくは、宇宙に（　　　）があるので、宇宙飛行士になりたい。

11．しかく　(資格　四角)
①　この（　　　）の中に、いくつ丸がありますか。
②　母は　お医者さんの（　　　）を持っています。

12．こうえん　(講演　公園)
①　うちの近くの（　　　）で、友達とよく遊びます。
②　母は（　　　）が好きで、よく聞きに行きます。

部首の話

　この「かんじだいすき」の(三)と(四)で部首を勉強したことを覚えていますか。字が、組み合わさって　できているとき、次のような７つの部分にまとめられます。これを部首といいます。

　そして、その部首のそれぞれには名前があります。前に習ったものを思い出して、新しい漢字を習ったら、その部首の名前を調べてみましょう。

1．左の部分 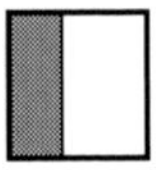 を「へん」といいます。

にんべん　作　ごんべん　読
さんずい　波　きへん　林

2．右の部分 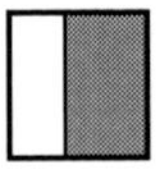 を「つくり」といいます。

ちから　功　りっとう　利
おおざと　都　のぶん　改

3．上の部分 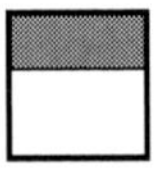 を「かんむり」といいます。

くさかんむり　草　なべぶた　交
うかんむり　寒　たけかんむり　笑

4．下の部分 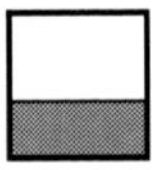 を「あし」といいます。

れんが　黒　ひとあし　見

5．周りの部分 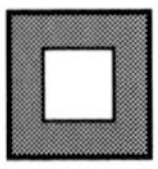 を「かまえ」といいます。

くにがまえ　国　もんがまえ　門
どうがまえ　同

6．左の部分から右下に流れる形のもの 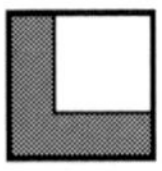 を「にょう」といいます。

しんにょう　進　えんにょう　延

7．上から左下に流れる形のもの 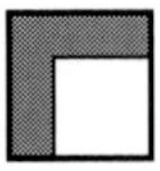 を「たれ」といいます。

まだれ　広　がんだれ　厚
やまいだれ　病

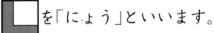

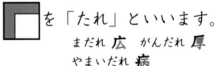

書き学習

一課 体と健康

11

脳《のう》

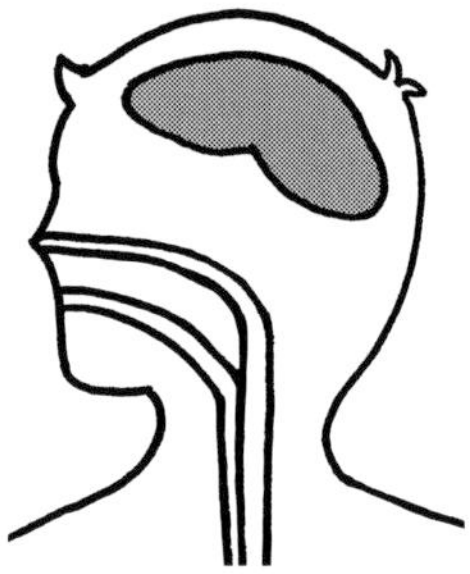

脳

刀 月 … 脳 脳

脳は 大切な 器官です。

10

骨《ほね》

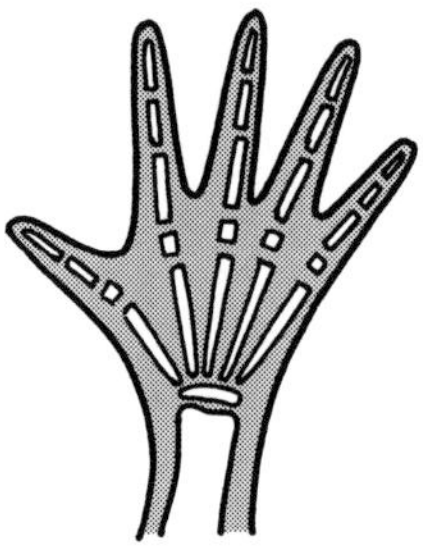

骨

丨 冂 … 骨 骨

牛乳を 飲むと 骨が 強くなる。

6

舌《した》

舌

一 二 千 … 舌 舌

舌を 出して 見せて。

13

腹《はら》

腹

刀 月 … 腹 腹

食べすぎて 腹が 痛くなった。

9	9	13	9
肺《はい》	背《せ》	腸《ちょう》	胃《い》
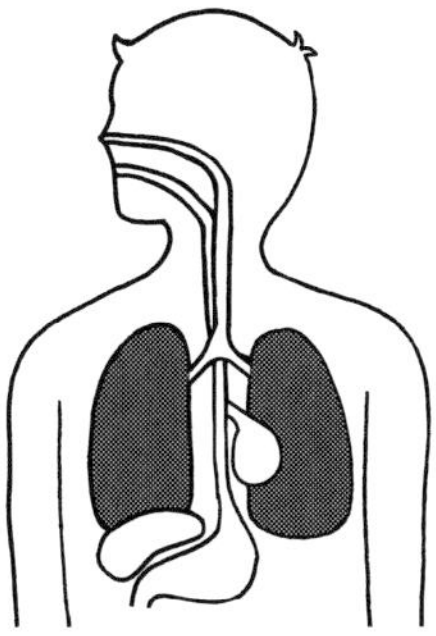		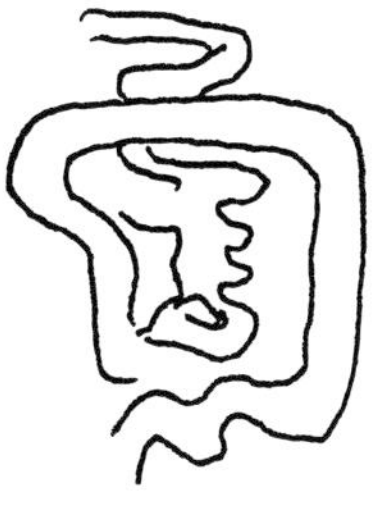	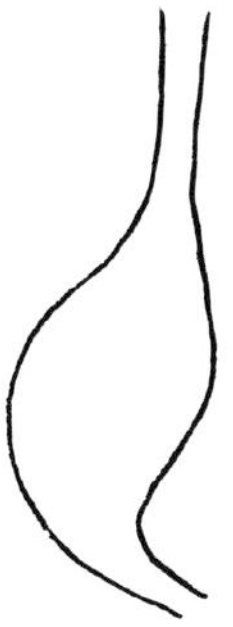
肺	背中	腸	胃
丿 刀 月 月 月' 肝 肵 肺 肺	一 ヿ 丬 丬 北 北 背 背 背	月 腽 腽 腸 腸	田 胃
肺は 二つ ある。	背中が かゆい。	腸は 長いです。	胃は おなかの上の方に あります。

10

胸《むね》

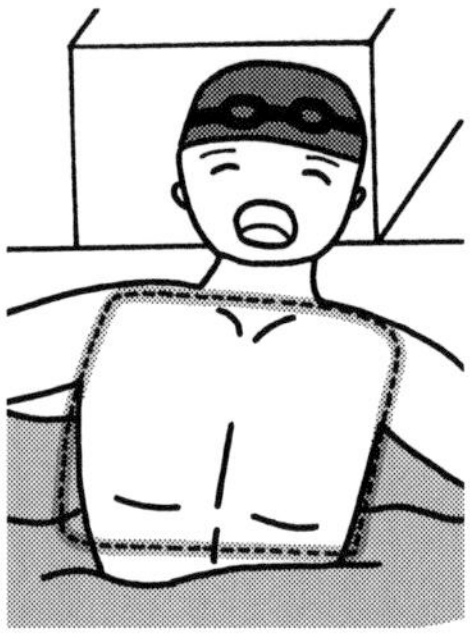

丿 刀 月 月' 肑 肑 胸 胸 胸 胸

胸

水泳の 選手は 胸が 厚い。

19

臓《ぞう》

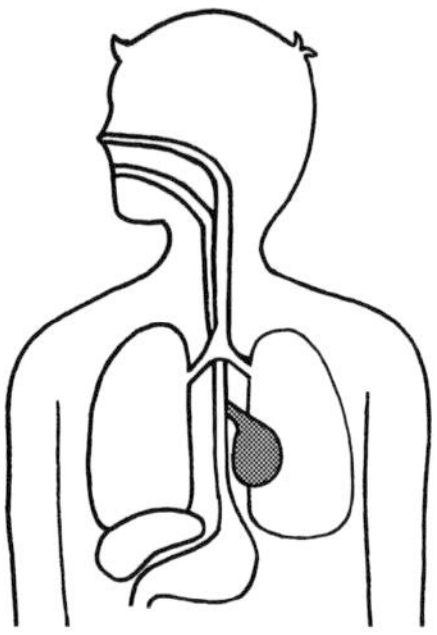

月 月艹 肝 肝 肝 肝 肝 臓 臓 臓

心臓

心臓が ドキドキする。

13

傷《きず》

ノ イ' 亻' 作 作 伯 伯 伯 傷 傷

傷

傷に 薬を ぬってください。

4

仁《じん》

ノ イ 仁 仁

仁術

「仁」は 思いやる 心の ことです。

12 筋《きん》

筋肉

ノ ト ケ ケト ケケ 竹 竹 笏 筋 筋

筋肉が ついた。

6 吸《す》う

吸う

丨 口 口 口ノ 吸 吸

息を 大きく 吸う。

9 看《かん》

看病

一 二 三 手 手 看 看 看 看

母が 看病してくれた。

10 射《しゃ》

注射

ノ 丨 冂 自 自 身 身 射 射

注射は きらいだ。

12

痛《いた》い

亠 广 疒 疒 疒 疒 疖 痏 痛

痛い

注射は 痛い。

5

処《しょ》

ノ ク 夂 夂 処

処置

保健室で 処置してもらった。

16

操《そう》

扌 扣 扣 扣 扣 掃 掃 掉 操

体操

毎朝 ラジオ体操を する。

11

視《し》

丶 ラ ネ ネ 礻 初 祁 祖 視 視

視力

視力検査を する。

9

巻《ま》く

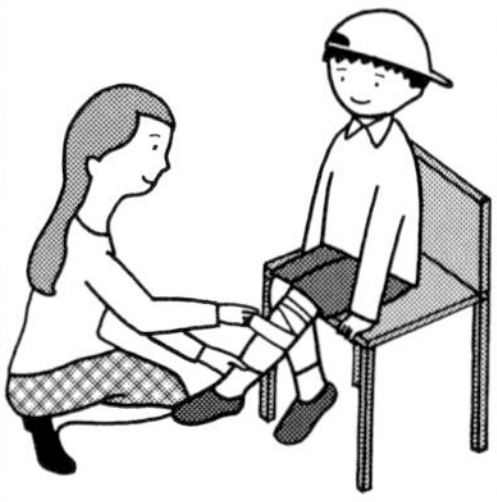

巻く

、 ソ 䒑 䒑 龹 关 巻 巻 巻

包帯を 巻いてもらった。

【書き練習】

1. □《ほね》は、牛乳《ぎゅうにゅう》や チーズなど、カルシウムを たくさんとると、じょうぶに なります。

2. □《のう》は、□《かんが》えたり □《おも》ったり □《かん》じたりする □《たい》□《せつ》な ところです。

3. □《はら》は おなかのことです。

4. 食べすぎました。ちょっと□《い》が □《いた》いです。

牛《うし》
牛《ギュウ》 乳

5. □《ちょう》には□□《だいちょう》と□□《しょうちょう》があります。

6. □《した》は□□《けんこう》なとき、赤い色をしていますが、かぜをひくと、白くなります。

7. □□《さいきん》□《せ》が□《きゅう》に□《たか》く なりました。

8. □《ころ》んだときの□《きず》がまだ□《いた》いです。

9. □□《まいにち》□□《うんどう》すると、□□《きんにく》が□□《はったつ》します。

10. □《いき》を□《す》ったり はいたりして、□《はい》に□□《くうき》を□《おく》ります。

11. □□《たいそう》するとき、まず□《むね》いっぱい□□《くうき》を□《す》いましょう。

運転《テン》
転《ころ》ぶ

12. ぼくは　けがをしたので　□□《びょういん》に行って　□□《しょち》を　してもらいました。□□《ちゅうしゃ》をしたり、□《くすり》をつけて　□□《ほうたい》を□《ま》いたりしてもらいました。

13. 一年生のときは　□□《しりょく》が　一.五だったのに、六年生になったら　一.〇になってしまいました。

14. □□《しんぞう》は、□□《けつえき》を□《からだ》に□《おく》る□□《たいせつ》な□《はたら》きをしているところです。

15. □□《いしゃ》は、□□《ちしき》や□□《ぎじゅつ》だけでなく、□□《びょうき》の人を□《おも》いやる心が□□《たいせつ》です。このことを「□《い》は□□《じんじゅつ》」と　いいます。

16. わたしが□□《びょうき》のとき、□《はは》は　ねないで□□《かんびょう》してくれました。

置《お》く　処置《チ》

包《つつ》む　包《ホウ》帯

帯《おび》　包帯《タイ》

二課 生活

16	9	5	9
樹《じゅ》	砂《すな》	穴《あな》	紅《こう》
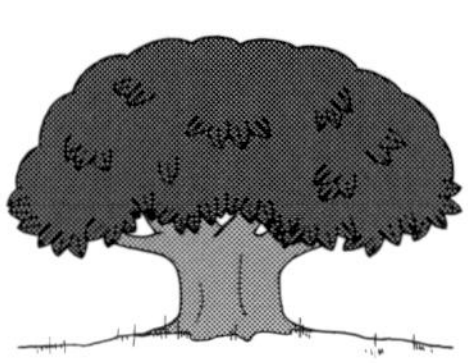		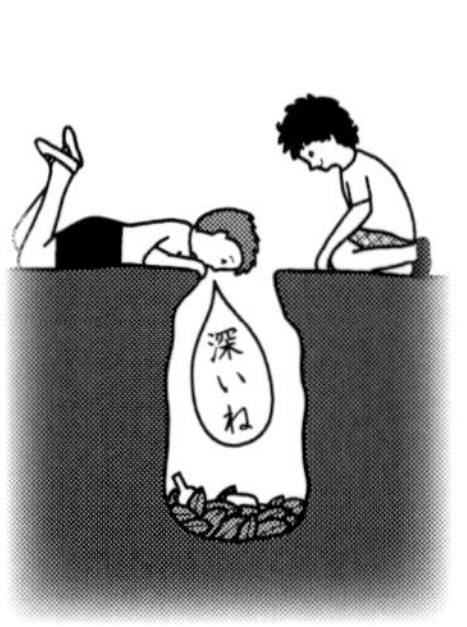 	
樹木	砂	穴	紅葉
十 木 杧 杜 桔 桔 桂 樹 樹	一 丆 不 石 石 矴 矴 砂 砂	丶 ⺍ 宀 穴 穴	く 幺 幺 糸 糸 糸 紅 紅 紅
木の ことを 樹木とも いう。	砂遊びを する。	深い穴を のぞく。	紅葉が きれいだ。

９	１３	１０	１４
泉《せん》	源《げん》	株《かぶ》	暮れ《くれ／ぐれ》
	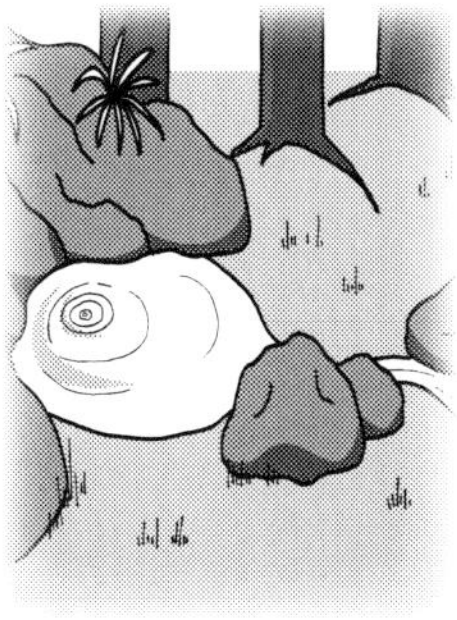		
温泉	水源	切り株	日が暮れる
ノ 亻 白 白 白 皁 皁 泉 泉	氵 氵 汇 汇 沥 洍 源 源 源	一 十 才 木 朩 杵 杵 株 株	一 艹 艹 苩 莒 莫 莫 暮 暮
温泉に 行った ことが ある。	水源は 水が わくところ。	切り株に すわって 休む。	日が 暮れる 前に 帰ろう。

１４	１４	６	１４
磁《じ》	穀《こく》	危《き》	層《そう》
	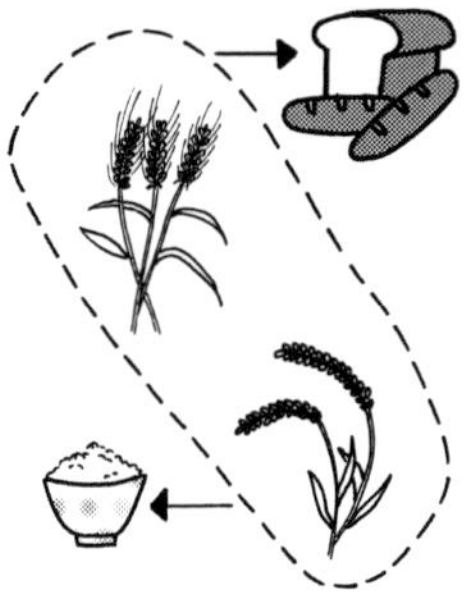		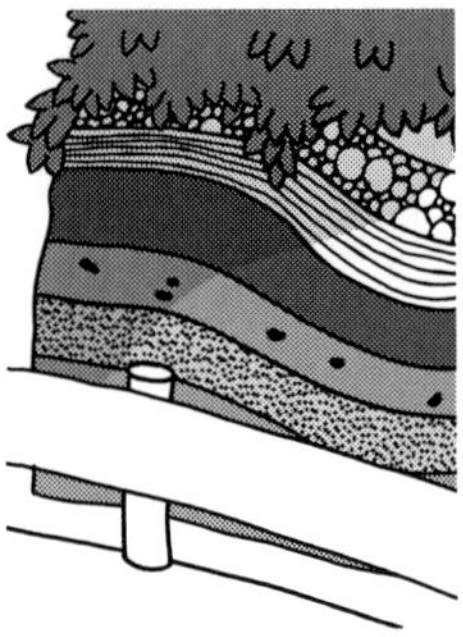
磁石	穀物	危険	地層
一 ア 石 石' 矿 砬 砬 磁 磁	十 士 声 声 壳 壳 穀 穀 穀	ノ ク 仒 产 厃 危	一 コ 尸 尸 屄 屄 届 層 層
磁石を 持って 行こう。	穀物から パンや ご飯を 作る。	ここから 先は 危険です。	地層を 調べよう。

8

沿《えん》

沿線

、 ⺀ 氵 氵 氵八 氵几 沿 沿

沿線の 桜が きれいだ。

15

潮《しお》

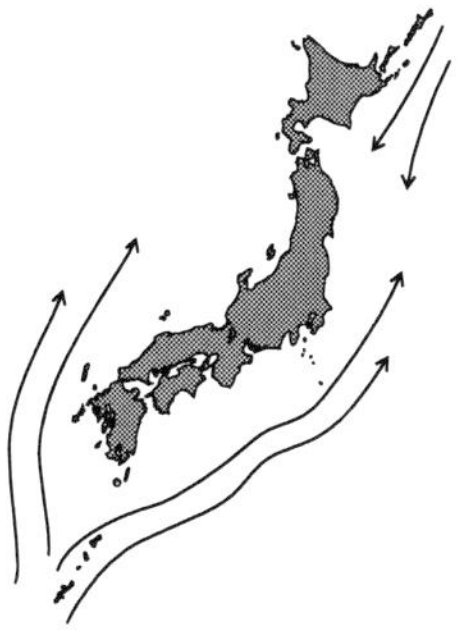

黒潮

氵 氵 氵十 氵古 氵吉 潮 潮 潮

黒潮に 乗って 魚が 来る。

11

異《い》

異常

口 罒 田 田 田 里 異 異

今年の 夏の 暑さは 異常だ。

13

暖かい《あたた》

暖かい

日 日 日 日 暖 暖 暖 暖

たき火は 暖かい。

16

激《はげ》しい

激しい

氵 氵 氵 泊 泊 泹 湧 滂 滂 激

激しい 風で かさが こわれた。

10

降《ふ》る

降る

了 阝 阝 阝 阝 阝 阝 陉 降

雨が 降っています。

【書き練習】

1. □《あき》になると、□□《こうよう》がきれいです。カエデは□《あか》く、イチョウは
□□《きいろ》になります。

2. □□《かいかん》の□《すな》の上を、みんなで□《はし》りました。□□《きも》ちよかったです。

3. □□《じゅもく》は□□《せいちょう》するのに、二十□《ねん》から□□《ひゃくねん》かかります。
□《き》ったあとの□《ね》がついた□《かぶ》を、□《き》り□《かぶ》と いいます。

4. この地方には□□《ゆうめい》な□□《おんせん》がたくさんある。

5. □《ふゆ》、北海道のオホーツク海□□《えんがん》に、□《こおり》が□《なが》れてきます。

6. □《こめ》と□《むぎ》は、□□《しゅしょく》です。どちらも□□《こくもつ》です。

7. □《ふゆ》は、日が□《く》れるのが□《はや》いです。□□《ごじ》になると、もう□《くら》くなります。

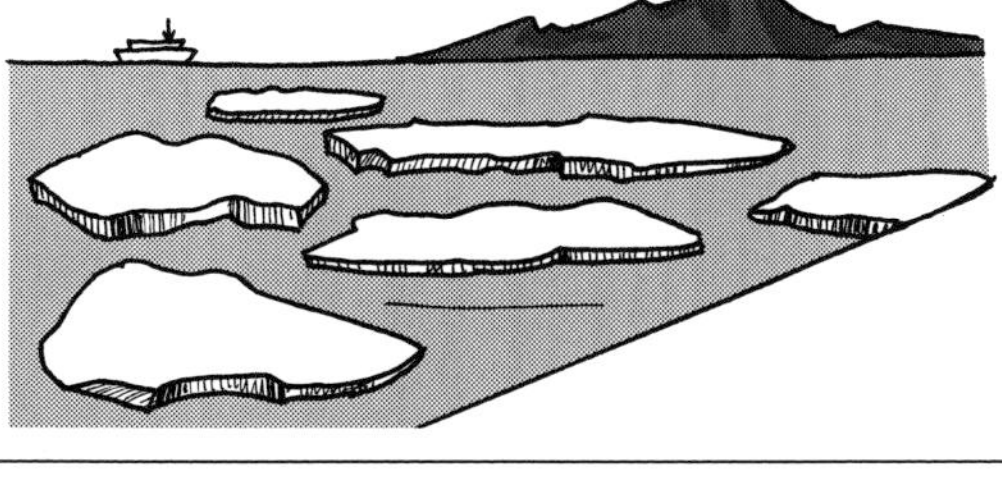

葉《は》っぱ
紅葉《ヨウ》

岸《きし》
海岸《ガン》

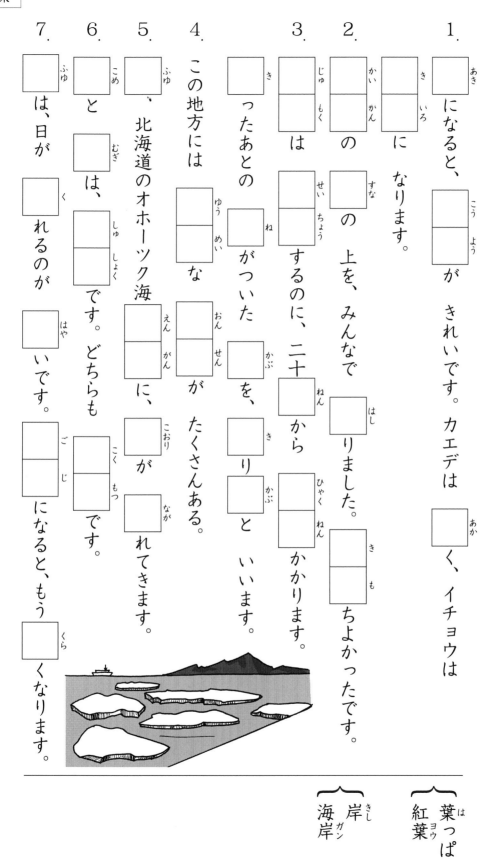

8. 山に□《のぼ》るとき、□《じ》□《しゃく》を□《も》っていきましょう。

N□《きょく》は□《きた》を□《さ》すので□《みち》に□《まよ》ったとき、□《やく》に□《た》ちます。

9. くまや へびは、□《ふゆ》になると、□《じ》□《めん》に□《あな》をほって、その中で□《はる》まで、ねます。

10. ここが 川の□《すい》□《げん》です。ここから川は□《なが》い□《たび》をして□《うみ》に□《なが》れます。

11. □《はげ》しい□《あめ》の□《あと》は、□《きゅう》に 川の水が□《ふ》えるので□《き》□《けん》です。

12. 日本海流を□《くろ》□《しお》といい、千島《ちしま》海流を□《おや》□《しお》といいます。

13. □《ふゆ》、北海道《ほっかいどう》や 日本海□《がわ》では、□《ゆき》が たくさん□《ふ》ります。

14. いつもは 四月にさく□《さくら》が、□《あたた》かいので、十二月に さきました。今年は□《い》□《じょう》です。

15. この□《ち》□《そう》は、□《さい》□《きん》、□《はっ》□《けん》されました。

石《いし》 磁石《シャク》

指《ゆび》 指《シ》示 指《さ》す

地《チ》図 地《ジ》面

旅《リョ》行 旅《たび》

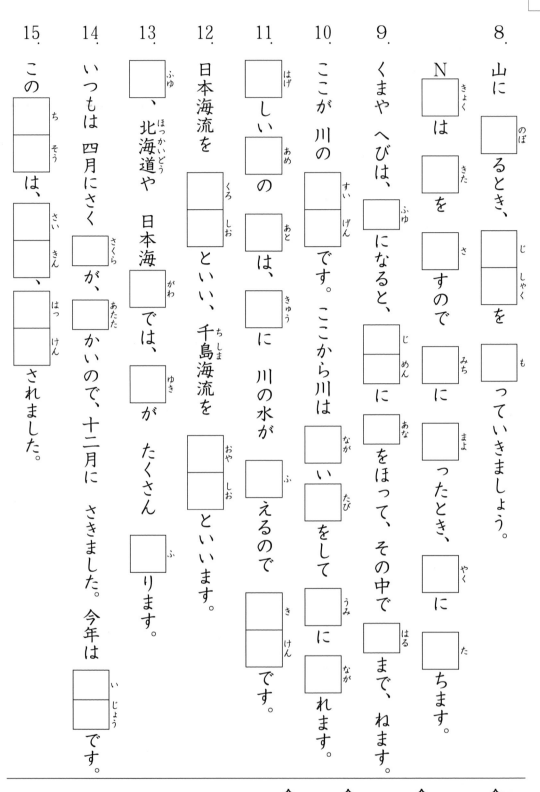

三課 私の家族

寸《すん》 3

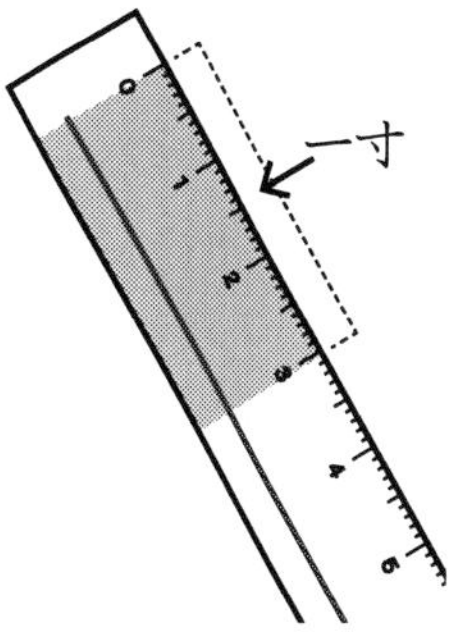

一 寸 寸

一寸は 三センチより 長い。

宅《たく》 6

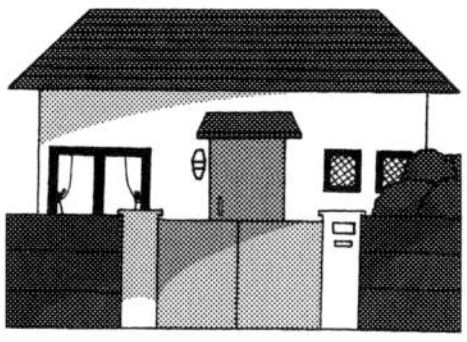

丶 ㇒ 宀 宀 宅 宅

先生の お宅は 新しい。

孝《こう》 7

一 十 土 耂 耂 孝 孝

孝行

親孝行をして ほめられた。

尺《しゃく》 4

㇇ コ 尸 尺

尺八

尺八は 竹で 作る。

17

優《ゆう》

優勝

亻 亻 伒 佰 佰 僡 僡 優 優

オリンピックで 優勝したい。

10

純《じゅん》

純白

㇛ 幺 幺 糸 糸 紅 紅 紅 純

純白の ドレスを 着ている。

15

誕《たん》

誕生日

亠 言 言 訁 訂 訢 証 誕 誕

誕生日の プレゼント。

13

誠《せい》

吉田君はまじめで人にやさしくてとても誠実な人です。
吉田さんは絶対うそをつきません。

誠実

亠 言 言 訁 訂 訪 誠 誠 誠

誠実な 人に 投票しよう。

画数	漢字	絵	書き順	例文
7	困《こま》る		丨 冂 冂 円 用 困 困	勉強しない 困った子だ。
14	認《みと》める		亠 言 言 訂 訒 認 認 認 認	ぼくの 力を 認めてもらった。
8	供《そな》える		ノ 亻 仁 什 供 供 供 供	お花を 供える。
9	染《そ》める		丶 氵 氵 汐 氿 氿 染 染 染	かみの毛を 染める。

8

拝《おが》む

一 十 扌 扌 扌 扌 扌 拝

拝む

手を 合わせて 拝む。

17

厳《きび》しい

⺍ ⺍ 𭕄 产 产 严 严 厳

厳しい

あの先生は 厳しい。

14

銭《せん》

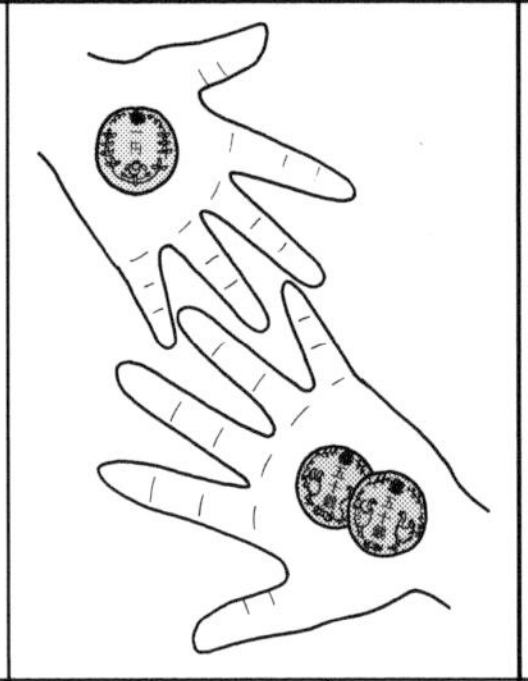

ノ 𠆢 ⺮ 牟 金 釒 銭 銭 銭

銭

五十銭が 二つで 一円だ。

8

承《しょう》

一 了 子 手 手 承 承 承

承知

承知してもらった。

【書き練習】

1. お父さんは、おじいさんとおばあさんに□《りょ》□《こう》のきっぷを□《か》ってあげました。

お父さんは□《おや》□《こう》□《こう》です。

2. おじいさんのしゅみは□《しゃく》□《はち》です。ぼくも　おじいさんに□《なら》おうかな。

3. お□《ねえ》さんのウエディングドレスは、□《じゅん》□《ぱく》でとてもきれいです。

4. □《ちち》と□《はは》の□《たん》□《じょう》□《び》は□《おな》じ日です。

5. おばあさんのお□《はか》に□《はな》を□《そな》えました。

6. わたしの□《いえ》の□《まえ》に□《せん》□《せい》の　お□《たく》があります。

7. □《あに》は□《せい》□《じつ》な人なので、□《ちゅう》□《がく》の□《せい》□《と》□《かい》□《ちょう》に□《えら》ばれました。

{練習《シュウ》
習《なら》う}

{白《しろ》
純白《パク》}

{選《セン》挙
選《えら》ぶ}

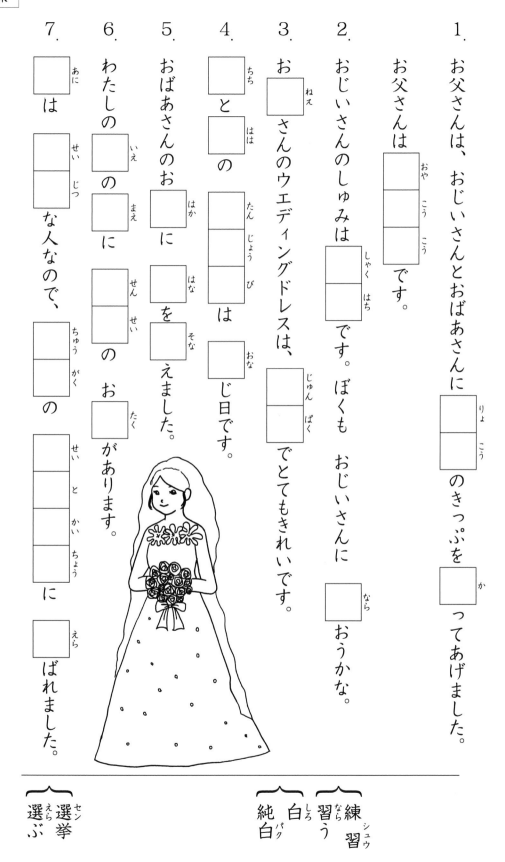

8. □《しゅく》□《だい》がわからなくて□《こま》っていると、いつも お□《にい》さんが□《おし》えてくれます。

ぼくは□《しん》□《せつ》な お□《にい》さんが□《だい》□《す》きです。

9. □《かみ》□《さま》に、「□《はは》の□《びょう》□《き》が、早く□《なお》りますように」と□《おが》みました。

10. □《ちち》にしかられて、□《おとうと》は自分が□《わる》かったことを□《みと》めました。

11. わたしのクラスは□《おん》□《がく》コンクールで□《ゆう》□《しょう》しました。

12. サッカーをしている□《あに》は、□《きび》しい□《れん》□《しゅう》にも□《ま》けないでがんばっています。

13. おばあさんは、いつも かみの□《け》を 自分で□《じょう》□《ず》に□《そ》めます。

神《ジン》社
精神《シン》
神《かみ》様

勝《か》つ
優勝《ショウ》

14. 祖父は「これは古い□《どう》のお金で十□《せん》だよ」と 見せてくれました。

15. 母は 私が犬を□《か》うことを□《しょう》□《ち》してくれました。

16. 「□《すん》」は、□《むかし》の長さの□《たん》□《い》だ。

いろいろな読み方6「真」

写真《しゃしん》　これは私の赤ちゃんの時《とき》の写真です。

真上《まうえ》　飛行機が富士山の真上を飛んでいる。

真《ま》っ暗《くら》　真っ暗で何も見えない。

漢字の書き順と画数

1．書き順

書き順には、次のような決まりがあります。この決まりを守って書くと、読みやすく、正しい形の漢字が書けます。

〈画数〉

① 上から下へ書く　三 …（3）　言 …（7）

② 左から右へ書く　川 …（3）　例 …（8）

③ 横画を先に書く　十 …（2）　春 …（9）

④ 中を先に書く　小 …（3）　水 …（4）

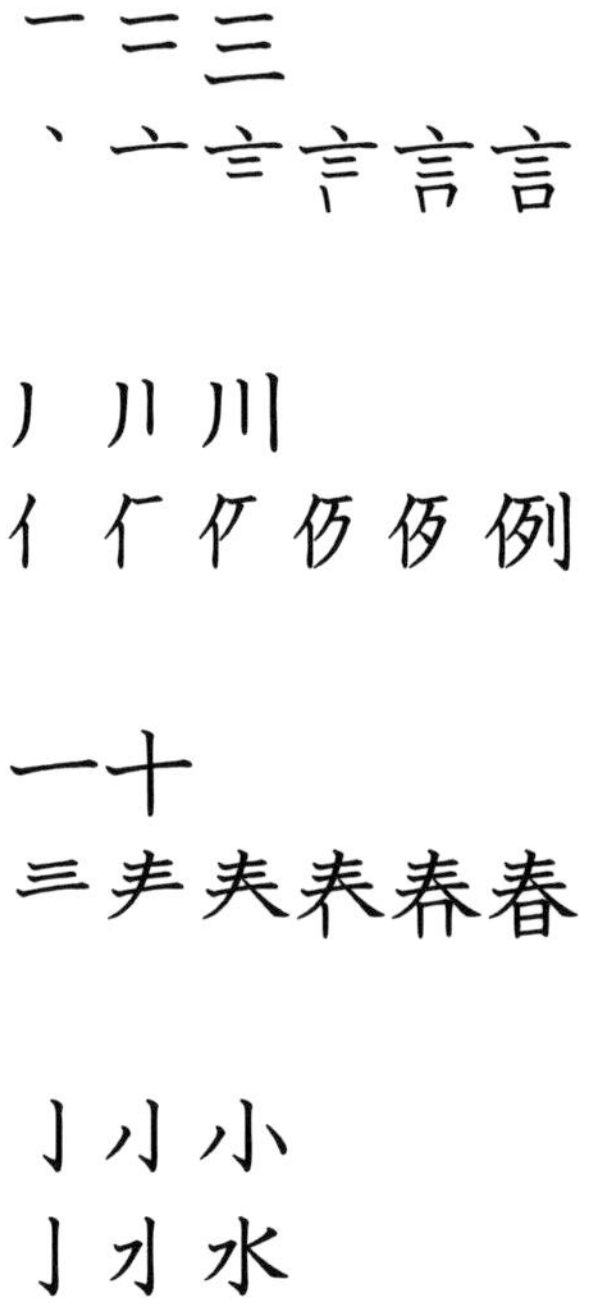

2．画数

画数を数えるとき、次の字の太い所は、一本の線に数えます。

(　　　) は、画数です。

口 (3画)　山 (3画)　円 (4画)　公 (4画)

学 (8画)　間 (12画)　雪 (11画)　道 (12画)

＊ 画数がわかると、辞書で漢字の読み方を調べることができます。

＊『かんじ　だいすき』には全部の漢字に書き順と画数が書いてあるので、よく見て下さい。

クイズ（五）

知っていますか。次の漢字の書き順は　どちらが正しいでしょう。
正しい方に◯をつけてください。＜　　＞に画数《かくすう》を書いてください。

例　上　a.（ ◯ ）
b.（　　）
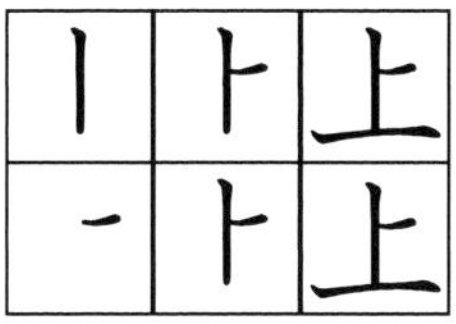
〈 3 〉画

1. 右　a.（　　）
b.（　　）
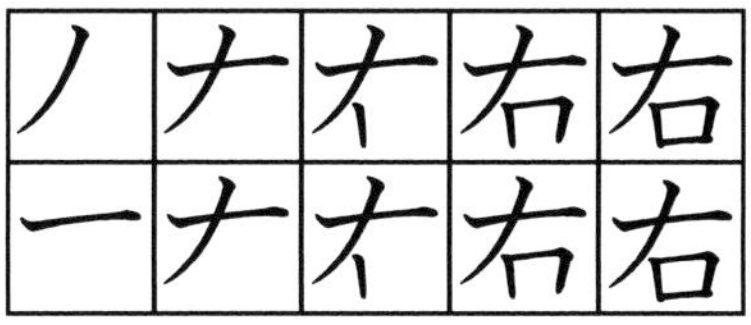
〈　　〉画

2. 原　a.（　　）
b.（　　）
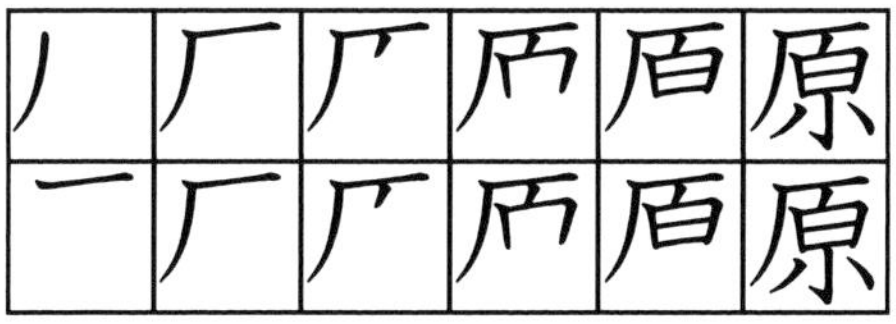
〈　　〉画

3. 非　a.（　　）
b.（　　）
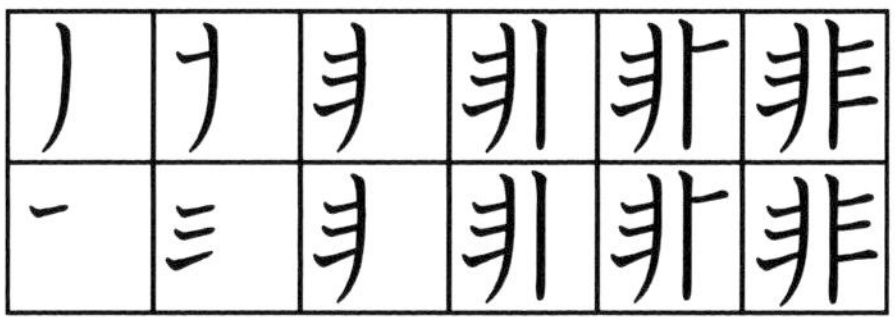
〈　　〉画

4. 登　a.（　　）
b.（　　）
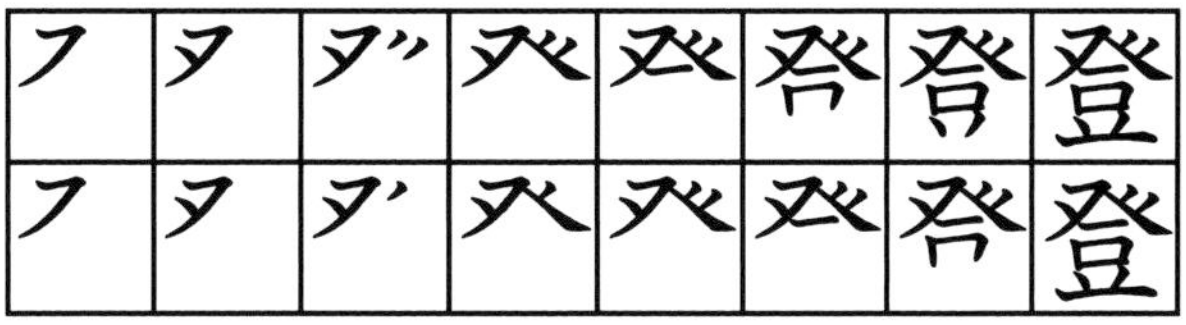
〈　　〉画

5. 飛　a.（　　）
b.（　　）
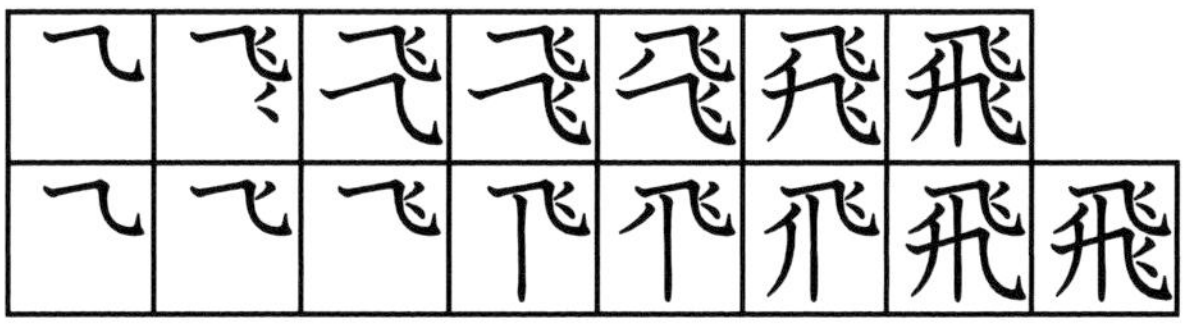
〈　　〉画

6. 病　a.（　　）
b.（　　）
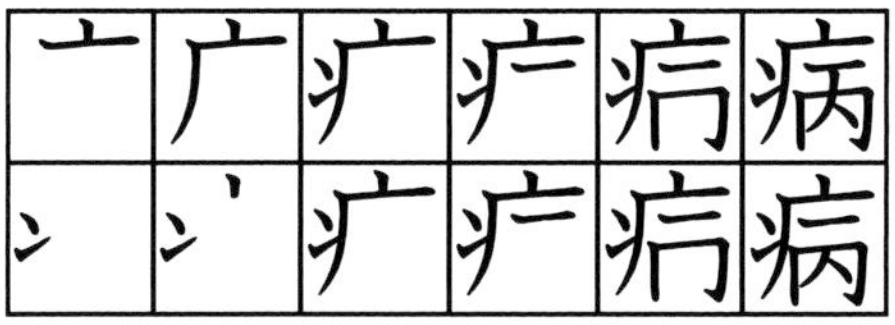
〈　　〉画

四課 仕事

11	11	12	19
郵《ゆう》	訳《やく》	揮《き》	警《けい》

郵便

一 二 三 乒 垂 垂 垂 郵 郵

郵便局の 人が 手紙を 配る。

通訳

丶 亠 亠 亠 言 訂 訂 訳 訳

通訳がいないと ことばが分からない。

指揮

一 扌 扌 扌 扌 指 指 揮 揮

オーケストラを 指揮する。

警官

艹 芍 芍 苟 苟 敬 敬 警 警

警官に 道を きく。

9	13	10	10
専《せん》	署《しょ》	秘《ひ》	従《じゅう》

専門	消防署	秘書	従業員
一 厂 戸 百 亩 亩 亩 専 専	冖 罒 罒 罒 罘 罡 罗 署 署	二 千 千 禾 禾 秒 秘 秘 秘	ク 彳 彳 彴 彴 徉 徉 徉 従
父の 専門は コンピューターだ。	消防署に 消防車が ある。	社長の 予定は 秘書が 作る。	社長が 従業員に 話をする。

【書き練習】

1. □□《じけん》が□《お》きると、□□《ぜんりょく》で□□《かいけつ》に□《つと》めるのが□□《けいさつ》の□□《しごと》です。

2. □□《ひしょ》の仕事は、よく気がつく人に□《む》いています。

3. □□□《きゅうびょうにん》や、けが人が□《で》たときは、□□□《しょうぼうしょ》に□□《でんわ》をして、□□□《きゅうきゅうしゃ》に□《き》てもらいます。

4. 兄の会社の□□□《じゅうぎょういん》は 三百人ぐらいだそうです。

5. かなちゃんは□□□□《おんがくがっこう》に行って□□《べんきょう》して、大きくなったらオーケストラの□□□《しきしゃ》になりたいんだって。

6. □□□《ゆうびんや》さんは、毎日、□□《てがみ》を□《あつ》めたり、□□《はいたつ》したりしています。

{努《ド》力
努《つと》める}

{便《ベン》利
郵便《ビン》}

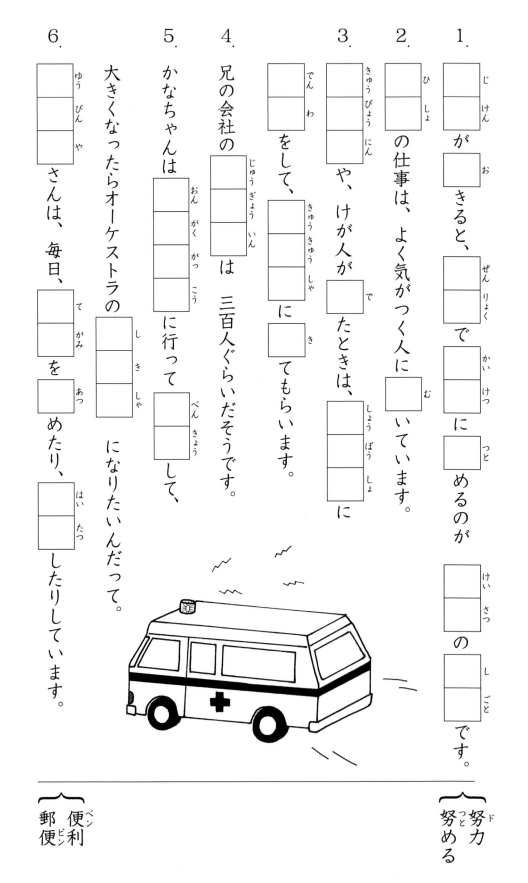

7. 私は大きくなったら□□《つうやく》になりたいので、いっしょうけんめい□□《えいご》を□□《べんきょう》しようと□《おも》います。

8. このビルは□□《けんちく》の□□□《せんもんが》が、地しんでもたおれないような□□《せっけい》をして□《た》てました。

建《た》てる
建《ケン》築

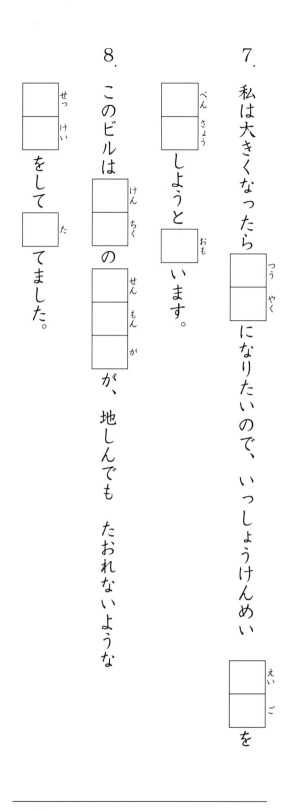

五課 政治

10	9	14	3
党《とう》	派《は》	閣《かく》	亡《ぼう》

党	派	閣	亡
丶 丷 ⺍ ⺍ 㞢 尚 尚 尚 党 党	丶 ⺀ 氵 氵 汇 汇 沂 沠 派	丨 卩 戸 戸 門 門 門 閃 閉 閣	丶 亠 亡
党	派	内閣	死亡率

自民党と 民主党。

党派をこえて 協力する。

新しい 内閣が 誕生した。

アフリカの 子どもの 死亡率。

16 憲 けん

憲法

今の 憲法は 一九四七年に できた。

15 権 けん

権利

選挙の 権利は 二〇才から。

11 済 さい／ざい

救済

被害に あった 人々を 救済する。

12 策 さく

政策

経済政策を 発表する。

12	8	10	15
就《しゅう》	延《えん》	討《とう》	論《ろん》

就（12）
就任式
丶 亠 古 亨 京 京 京 就 就 就
就任式で スピーチをした。

延（8）
延長
一 丅 下 正 正 延 延 延
国会の 会期を 延長する。

討（10）
検討
丶 亠 亠 言 言 言 言 計 討 討
相手の 意見を 検討する。

論（15）
討論
亠 亠 言 訁 訟 訡 訡 論 論 論
討論会。

5	7	7	10
庁《ちょう》	我《われ》	批《ひ》	納《のう》

庁	我	批	納
都庁	我々	批判	納税
丶 亠 广 广 庁	ノ 二 千 手 我 我 我	一 十 扌 扌 扎 扎 批	𠃋 幺 幺 糸 糸 糸 糸 紏 納 納
都庁を 見学した。	我々は みんなで お願いに 行った。	政策を 批判する。	納税は 国民の 義務。

律《りつ》	裁《さい》	衆《しゅう》
9	12	12
法律	裁判	衆議院
ノ ク 彳 彳 彳 彳 彳 彳 律	一 十 土 圭 圭 表 表 裁 裁 裁	ノ 亠 血 血 血 衆 衆 衆 衆 衆
法律は 憲法を もとにして 作る。	裁判の 結果、有罪に なった。	衆議院の 定員は 四百六十五人。

【書き練習】

1. □□《けんぼう》には、□□《こくみん》の□□《けんり》や□□《ぎむ》がくわしく書いてある。
2. テロに□《たい》しては、□□《とうは》をこえて□《と》り□《く》んでいる。
3. □□《しゅしょう》は□□《ないかく》を□□《かいぞう》して、新しい□□《だいじん》を□《き》めた。
4. □□□《しゅうぎいん》に立候補《りっこうほ》する人が□□□《とうろんかい》を開いた。
5. アフリカの子どもの□□□《しぼうりつ》は、□□《ひじょう》に□《たか》い。
6. □《あに》は□□□《さいばんかん》になりたいので、□□《ほうりつ》を□□《べんきょう》している。
7. □□□《しゅうにんしき》の□《あと》、新しい□□《だいじん》は□□□□《けいざいせいさく》について□《はなし》をした。
8. □《われ》々《われ》は□□《とちょう》へ行って、□□□《とちじ》に□□《どうろ》を□《つく》ってほしいとお□《ねが》いした。

組《くみ》　組《く》む

開《あ》ける　開《ひら》く

判《ハン》断　裁判《バン》官

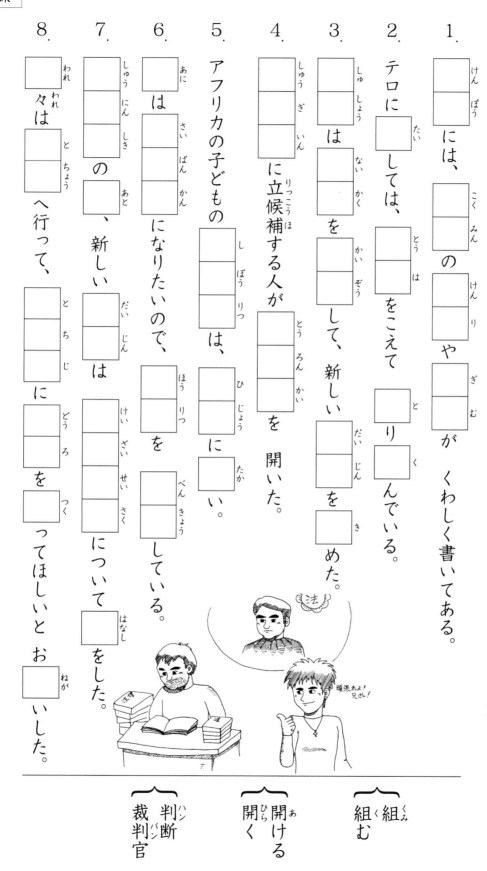

9. 野党《やとう》議員《ぎいん》は与党《よとう》議員《ぎいん》の発言《はつげん》を□□《ひはん》した。
(与党《よとう》は□□《げんざい》、□□《せいけん》をとっている□《とう》のことをいいます。
野党《やとう》は□□《げんざい》、□□《せいけん》をとっていない□《とう》のことです。)

10. □□《こっかい》の□□《かいき》が三十日□□《えんちょう》された。

11. □□《ぜいきん》を□《おさ》めるのは、□□《こくみん》の□□《ぎむ》です。

いろいろな読み方7「足」

足《あし》　赤ちゃんの足は　小さくてかわいい。

二足《にそく》　ぼくはスニーカーを二足持っている。

足《た》す　五足す八は十三です。　これは足し算《ざん》です。

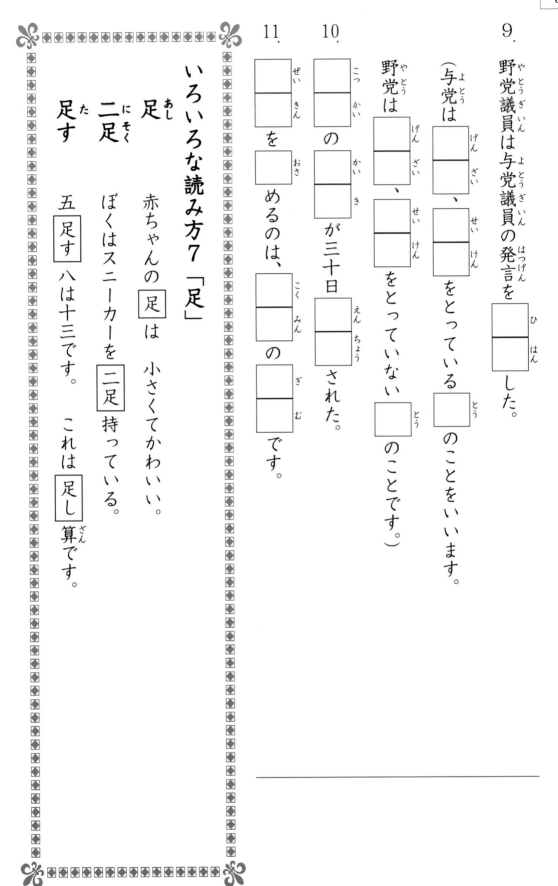

10	13	11	11
蚕《かいこ》	絹《きぬ》	郷《きょう》	密《みつ》
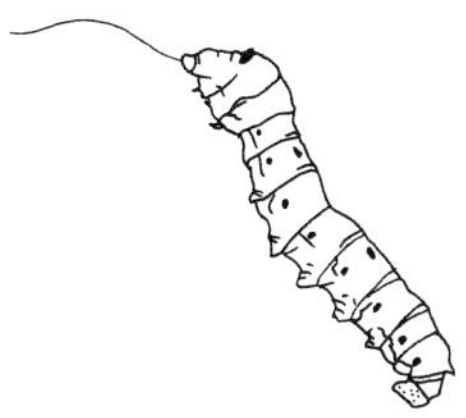	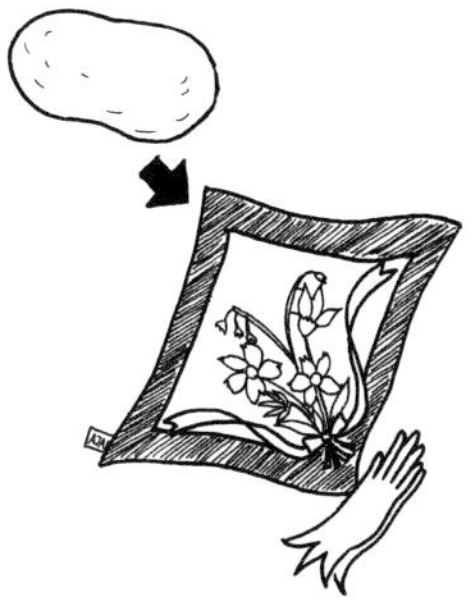		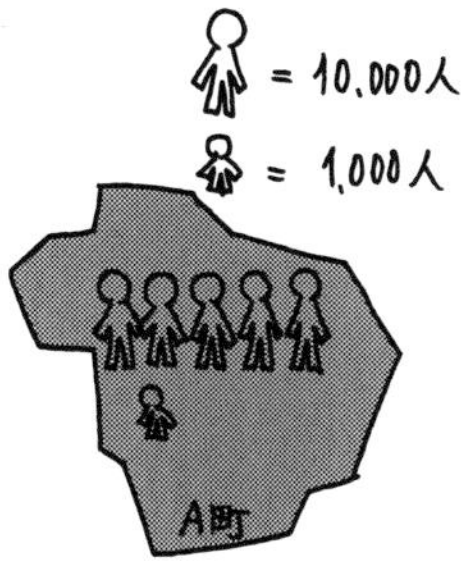
一 二 チ 天 天 吞 吞 吞 蚕 蚕	ㄑ 幺 幺 糸 糸 糸 糸 糹 絹 絹	ㄑ 乡 乡 乡 乡 乡 乡 鄉 郷 郷	宀 宀 宀 宓 宓 宓 宓 密 密
蚕	絹	郷里	密度
蚕は まゆを 作ります。	きれいな 絹の スカーフ	郷里が なつかしい。	日本の 人口密度は 高い。

15

諸《しょ》

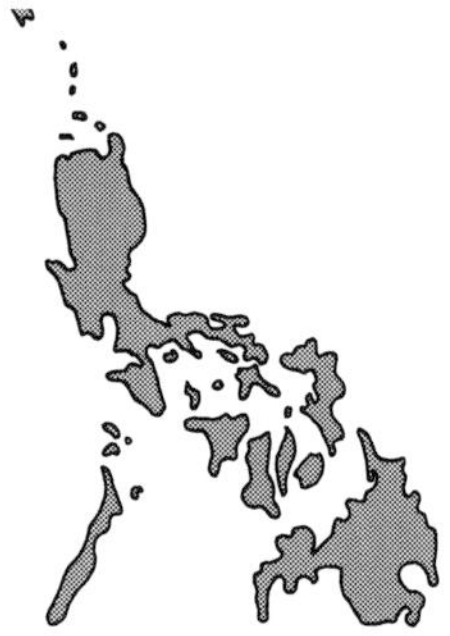

諸島

亠 言 言 訁 計 計 註 諸 諸 諸

フィリピン諸島。

16

鋼《こう》

鋼鉄

𠆢 今 牟 金 金 釦 鈿 鋼 鋼

鋼鉄で ビルを 建てる。

10

除《じょ》

除雪

了 阝 阝 阶 阾 阾 除 除 除

除雪車が 来た。

11

推《すい》

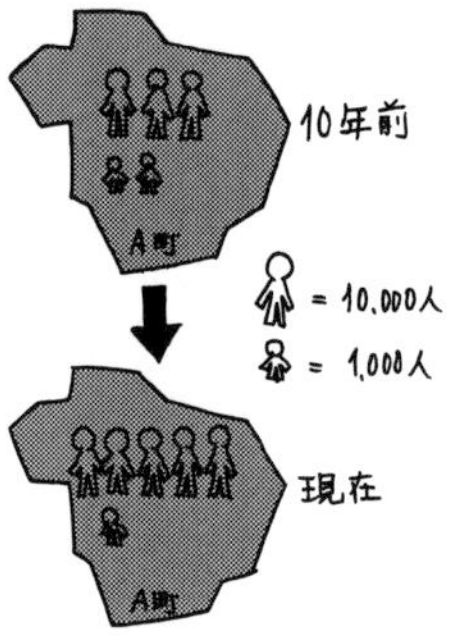
10年前
A町
= 10,000人
= 1,000人
現在
A町

推移

一 ｔ 扌 扌 扩 扩 扩 推 推 推

人口の 推移。

１１	１１
訪《ほう》	域《いき》
	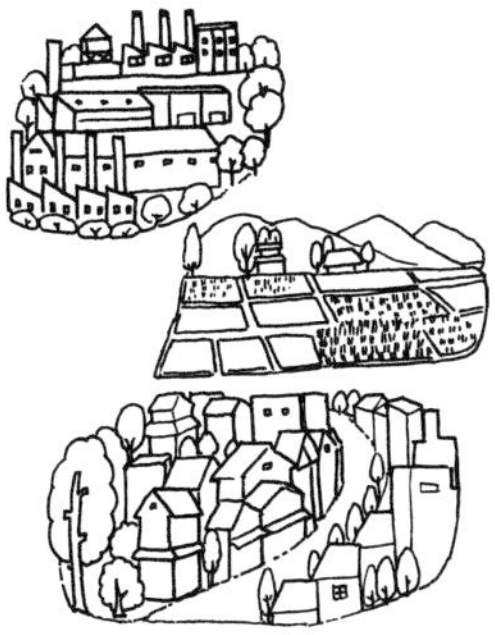
訪問	地域
丶 亠 亠 亠 言 言 訁 訪 訪	一 十 土 圵 坘 坘 域 域 域
外国の 小学生の 訪問。	農業、商業、工業の 地域。

【書き練習】

1. 北海道《ほっかいどう》と　日本海側の□□《ちいき》は、□《ふゆ》□《ゆき》が多くて　□□《じょせつ》がたいへんです。

2. 人々はお□□《しょうがつ》に□□《きょうり》に□《かえ》って、□□《かぞく》で　にぎやかに□《す》ごします。

3. 私《わたし》たちの町の□□□《てっこうじょ》の火は　一年中□《も》え続けています。

4. このスカーフは□《きぬ》です。□《かいこ》のまゆから作りました。

5. ネパールの中学生が、私《わたし》の町を□□《ほうもん》しました。

6. □□《こうじょう》が多い□□《ちいき》は、農地が多い□□《ちいき》より□□□□《じんこうみつど》が高いです。

7. この地方の人口の□□《すいい》を□《しら》べました。十年ぐらい前から□《ふ》えています。

8. 日本には、伊豆《いず》□□《しょとう》、小笠原《おがさわら》□□《しょとう》、南西《なんせい》□□《しょとう》などがあります。

雪《ゆき》　除雪《セツ》

里《さと》　郷里《リ》

鉄《テツ》　鉄《テッ》鋼

住《ジュウ》所　鉄鋼所《ジョ》

燃《ネン》料　燃《も》える

島《しま》　諸島《トウ》

ちょっと一休み ～音や物のようすを表すことば～

日本語には音を表すことばや、人や物のようすを表すことばがあります。

例えば

窓が「バタン」と閉まりました。

「ドーンドーン」というたいこの音が聞こえます。

水が「ザーザー」流れています。

犬は「ワンワン」と鳴きます。

赤ちゃんは「オギャーオギャー」と泣きます。

おむすびが「コロコロ」転がりました。

このようなことばを使って、音を表します。

また、次のようなことばを使って、ようすを表します。

行きたくないので、「ぐずぐず」歩く。

黄色いちょうちょうが「ひらひら」飛んでいる。

ここがどこか分からなくて、「きょろきょろ」見まわす。

あの子はアメリカに行っていたから、英語を「ぺらぺら」話す。

けがをしたひざに、包帯を「くるくる」巻いた。

雨が「しとしと」降っている。（静かに音もなく降るようす）

みなさんも、こんなことばを考えてみませんか。

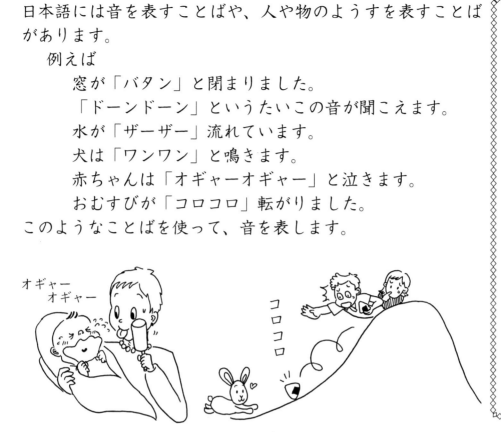

熟《じゅく》語《ご》の話

「漢字には一つの漢字もあるし、二つ以上の漢字もあります。読み方は違いますか。」

「一つの漢字は訓読みが多いですが、二つ以上の漢字は音読みが多いです。たとえば「食べる」は訓読みで、「食事」は音読みです。二つ以上の漢字を組み合わせて作られた、意味がある言葉を「熟語」といいます。」

「熟語はどうやって作られますか。」

「例えば

① 反対の意味の字を組み合わせて作ったもの→売買《ばいばい》、勝負《しょうぶ》

② 似ている意味の字を組み合わせたもの→豊富《ほうふ》（たっぷりあること）温暖《おんだん》（気温が暖かいこと）

③ 上の漢字が下の漢字を説明したもの→古都《こと》（古い都《みやこ》）鉄棒（鉄の棒）などがあります。」

「三つや四つの漢字の熟語もありますか。」

「ありますよ。「新製品」は三字熟語です。どんな意味でしょう。」

「新しい製品という意味です。「非常口」というのもそうですか。」

「そうですよ。いつもは使いませんが、火事は事故があったときに使う出入口のことですね。」

「修学旅行《しゅうがくりょこう》は四字熟語ですね。東西南北《とうざいなんぼく》や春夏秋冬《しゅんかしゅうとう》もそうですか。」

「いろいろ知っていますね。町を歩いていると、たくさん見つけることができますよ。」

クイズ（六）　熟語作り

下のわくの中の字を組み合せて熟語を作りましょう。
いくつ熟語があるかな。縦、横、ななめにつなげて熟語を作りなさい。

1．学校に関係がある熟語

学	習	総	合
字	校	同	給
舎	庭	授	食
坦	任	卒	業

例：校舎（こうしゃ）
1.
2.
3.
4.
5.
6.
7.
8.
9.
10.

2．交通に関係する熟語

新	幹	線	地
自	飛	路	下
動	行	運	鉄
車	機	賃	道

例：鉄道（てつどう）
1.
2.
3.
4.
5.
6.

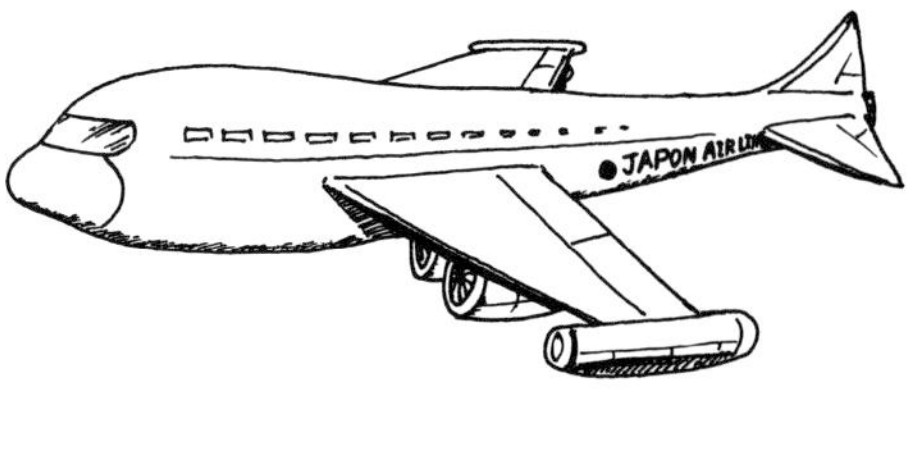

七課 行事

13	15	9	9
幕《まく》	劇《げき》	奏《そう》	映《えい》

幕	劇	演奏	映画
一 艹 苎 苜 荁 莫 莫 幕 幕	广 卢 卢 卢 卢 虏 豦 豦 劇	一 二 三 声 夫 夫 夹 奉 奏 奏	丨 冂 月 日 日 盯 盯 映 映
幕を 開ける。	劇で 女王様の 役を した。	ピアノの 演奏会。	映画は おもしろい。

9	6	10	12
皇 こう	后 ごう	陛 へい	装 そう

皇室

ノ 亻 白 白 白 自 皁 皁 皇

皇后

一 厂 斤 斤 后 后

皇后陛下

阝 阝 阝 阝 阝 阝 阝 阝 陛 陛

服装

丨 丬 丬 丬 壮 壮 壮 壮 装 装

皇室は 天皇《てんのう》の 家族のこと。

皇后様は やさしい方だ。

天皇陛下の お住まい。

いろいろな 服装。

10	17	6	8
展《てん》	覧《らん》	宇《う》	宙《ちゅう》

展	覧	宇	宙
展示会	展覧会	宇ちゅう	宇宙
一 コ 尸 尸 屈 屈 屈 展 展	丨 厂 戸 臣 臣 臣 臣 臣 覧	丶 丷 宀 宀 宇	丶 丷 宀 宀 宀 宙 宙 宙
着物の 展示会を 見る。	絵の 展覧会に 行く。	宇ちゅうは 広い。	宇宙飛行士に なりたい。

7

系《けい》

一 ⺈ 幺 幺 乎 系 系

太陽系

地球は 太陽系の 中に ある。

9

宣《せん》

丶 丶 宀 宀 宁 宁 宣 宣 宣

宣伝

ビラを くばって 宣伝を する。

16

奮《ふん》

大 夵 夵 夵 夵 奄 奮 奮 奮

興奮

サッカーの 試合で 興奮した。

15

敵《てき》

亠 立 产 商 商 商 啇 敵 敵

敵

敵と 味方。

10

俵

ひょう

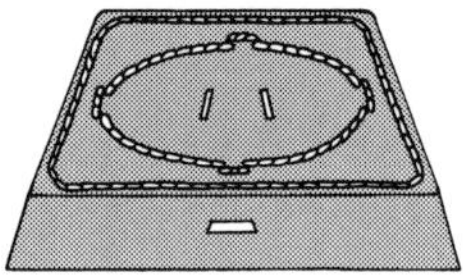

ノ 亻 仁 什 佳 伊 俵 俵 俵

土俵

すもうの 土俵。

【書き練習】

1. □□□《がくげいかい》で□《げき》をしたとき、□《まく》を□《ひ》く□《かかり》になりました。

2. □□《ゆうめい》なピアニストの□□□《おんがくかい》に行きました。□□《えんそう》があまりすばらしかったので□□《こうふん》しました。

興《キョウ》味
興《コウ》奮

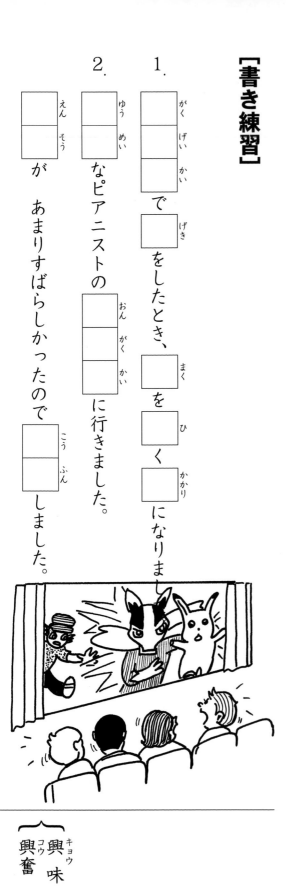

3. 学校で　アニメの□□《えいが》を見ました。やっぱりアニメはおもしろいな。

4. □□□《そつぎょうしき》の□□《ふくそう》を、何にしようかと　□《まよ》っています。

5. 本の□□《せんでん》を見て　ほしくなりました。□□□《たんじょうび》に□《か》ってもらいたいです。

6. □《あき》の□□□《てんらんかい》に□《え》を出したら、□□《にゅうしょう》しました。□《ゆめ》みたいです。

7. □□《うちゅう》の勉強をしに、プラネタリウムに行きました。
□□□《たいとうけい》のことがよく分かって□《たの》しかったです。

8. 天皇《てんのう》□□□《たんじょうび》は、学校が休みですが□□□□《こうごうへいか》の□□□《たんじょうび》は
休みではありません。休みだといいのにな。

伝《つた》える
宣伝《デン》

太《ふと》い
太《タイ》陽

9. 力士が□□《どひょう》でけいこしている。

10. □□《じゅぎょう》で「きのうの□《てき》は きょうの□《とも》」と□《なら》った。
□□《れきし》にはそういう□《れい》が たくさんある。

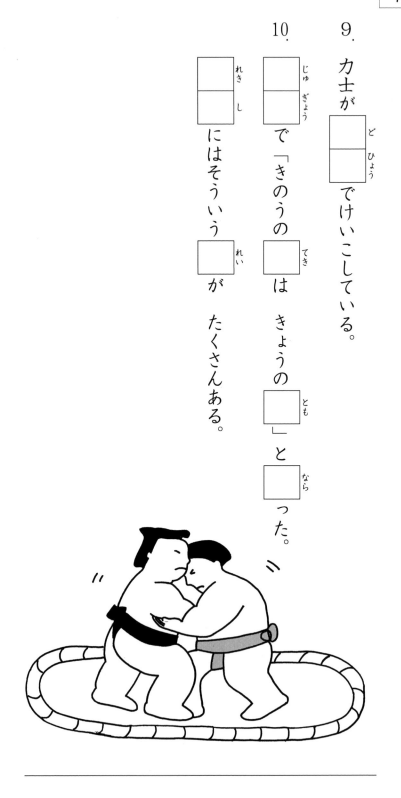

八課　国語

朗（ろう）10

朗読

丶 ㇇ ヨ ヨ 良 良 良 朗 朗 朗

大きい声で 朗読する。

誤（ご）14

しんせつ　正　親切
誤　新切

こまる　正　困る
誤　因る

誤字

亠 亖 言 言 訂 訂 誀 誤 誤 誤

誤字に 気を つけよう。

疑（ぎ）14

明日は水曜日？
先生、明日は水曜日ですか？

疑問文

ヒ ヒ ヒ 𠤕 𠤕 𠤕 𠤕 疑 疑 疑

疑問文に 答える。

否（ひ）7

ううん、水曜日じゃないよ。
いいえ、水曜日ではありませんよ。

否定文

一 ア 不 不 不 否 否

否定文を 書く。

9	11	12	12
段《だん》	著《ちょ》	敬《けい》	創《そう》

段落	著者	敬語	独創的
ノ 亻 𠂆 𠂤 𠂤 𠂤 𠂤 段 段	一 十 廾 艹 芏 芓 荖 著 著	一 艹 芍 芍 苟 苟 苟 敬 敬	ノ 𠆢 𠆢 今 今 侖 倉 倉 創 創
段落に 気を 付ける。	著者に サインを もらう。	敬語を 使って 話す。	独創的な 絵。

5	12	15	10
冊《さつ》	詞《し》	熟《じゅく》	俳《はい》

NOTE
NOTE
NOTE
国語

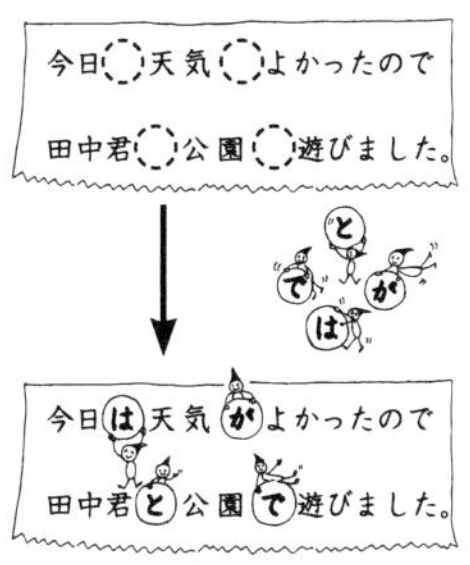
今日◯天気◯よかったので
田中君◯公園◯遊びました。
と
で
は
が
今日は天気がよかったので
田中君と公園で遊びました。

消＋火
読＋書

古池や
かはず（わ）飛びこむ
水の音・・・・

何冊

丨冂冂冂冊

全部で 九冊です。

助詞

丶亠言言言訂訂詞詞

助詞を 正しく 書く。

熟語

亠亠亨享享孰孰孰熟

熟語を 作る。

俳句

亻亻亻亻亻俳俳俳俳

俳句は 五・七・五です。

【書き練習】

1. ぼく、この□□《ちょしゃ》の本、3□《さつ》 □《も》っているよ。みんなおもしろいよ。

2. □□□《にほんご》は□□《じょし》で ことばをつなげて□《ぶん》を□《つく》っているんだって。

3. ぼくは 国語の本を□□《ろうどく》するとき、□□《じゅくご》が二つ□《よ》めませんでした。

4. わたしの おばあさんは□□《はいく》が好きで、どこへ行っても、すぐ□《つく》って □《たの》しんでいます。

5. 日本語の□□□《ぎもんぶん》は「?」をつけません。ていねいな文では「か」をつけます。

6. □□《さくぶん》を□《か》くときは、□□《だんらく》をつけて、□□《ごじ》がないようにしなさい。」と、先生が おっしゃった。

助《たす》ける
助《ジョ》詞

読《よ》む
句読《トウ》点
朗読《ドク》

落《お》ちる
段落《ラク》

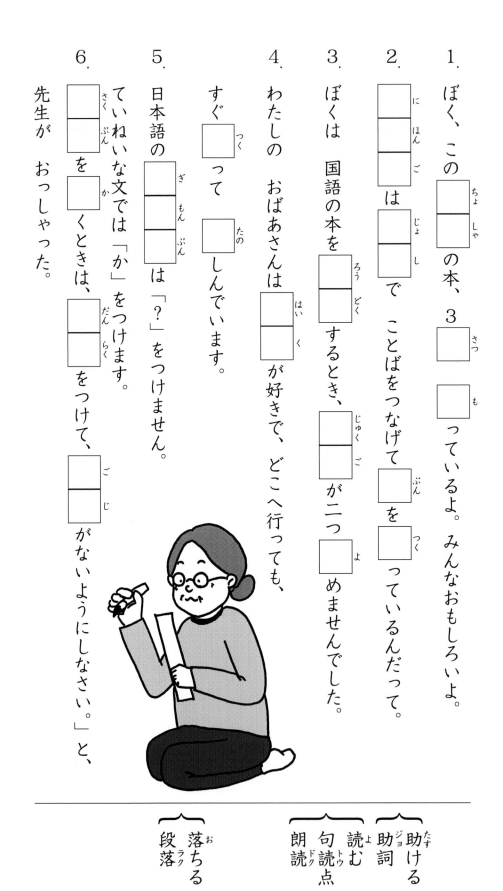

7. 「私《わたし》はねこが□《す》きです。」を□《ひ》□《てい》□《ぶん》にすると、「私《わたし》はねこが□《す》きではありません。」に なります。

8. □《め》□《うえ》の人には□《けい》□《ご》を□《つか》いましょう。「□《た》べる」を□《め》□《うえ》の人に□《つか》うときは 「めしあがる」、□《じ》□《ぶん》のことをいうときは「いただく」です。だから□《た》べる□《まえ》に「いただきます」というのです。

9. みんなで、□《さく》□《ぶん》を□《よ》み合いました。青木君のはとても□《どく》□《そう》□《てき》で、一番上手だと□《おも》いました。

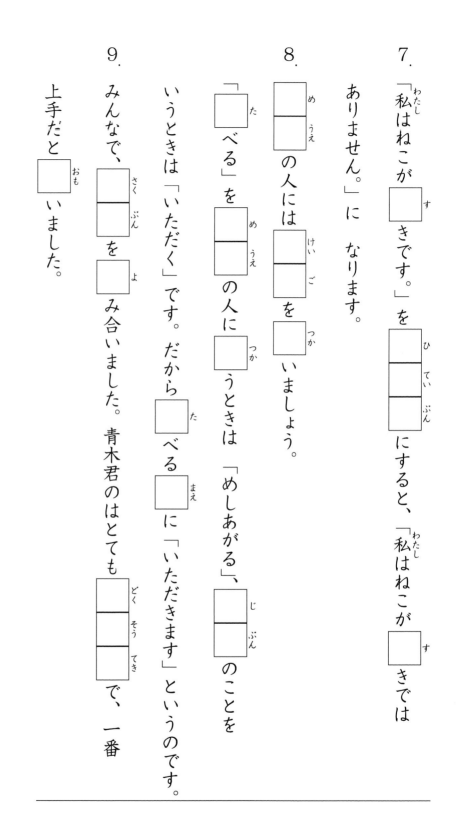

九課 算数

8	11	8	16
枚《まい》	頂《ちょう》	垂《すい》	縦《たて》
	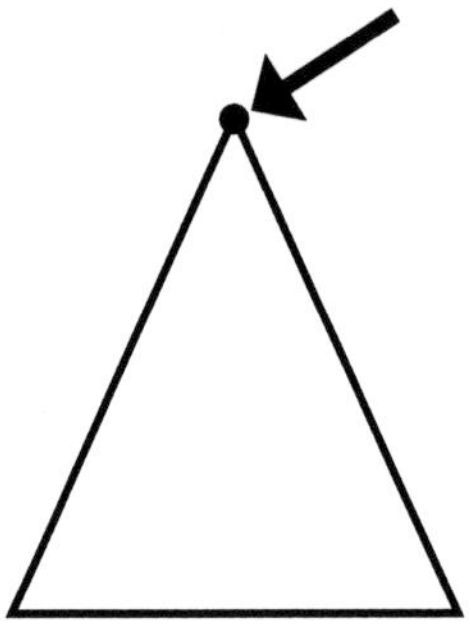	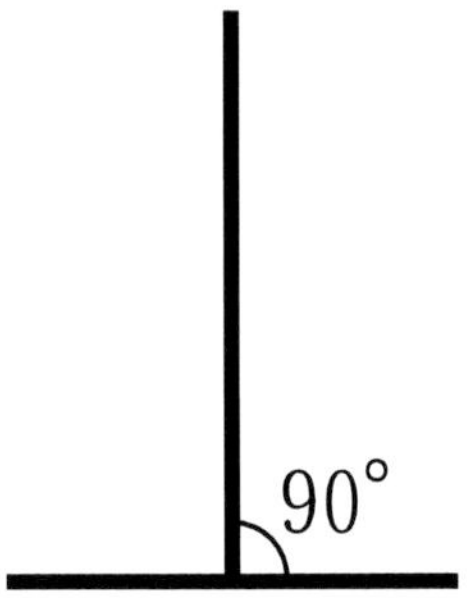 	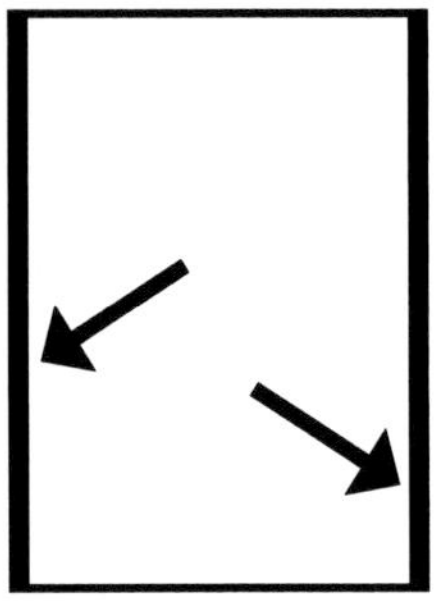
一 十 才 木 朾 杧 杪 枚	一 丁 丁 丆 丆 丆 佰 頂 頂 頂 頂	一 二 三 千 乒 乒 垂 垂	幺 糸 糸 糹 紒 紒 紒 綒 縦
枚	頂点	垂直	縦
お皿は 一枚・二枚と 数えます。	三角形の 頂点。	垂直の 線を かく。	四角形には 縦が 二本ある。

18

難《むずか》しい

艹 艹 芦 葟 莫 歎 歎 難

難しい

難しい 問題。

18

簡《かん》

⺮ 竹 符 筋 筋 筋 簡 簡

簡単

簡単な 問題。

17

縮《しゅく》

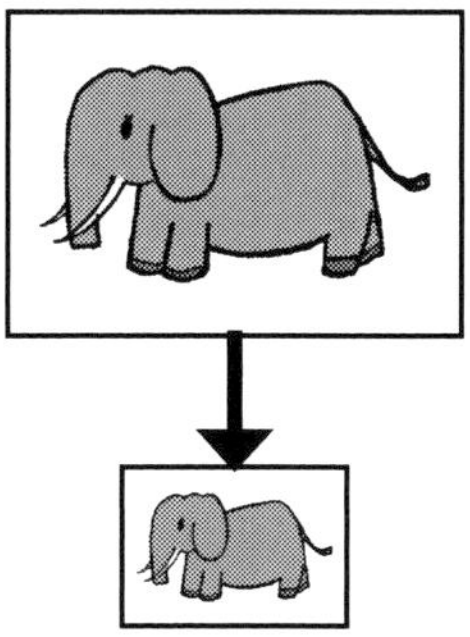

幺 糸 糸 紵 紵 紵 縮 縮 縮

縮小

絵を 縮小する。

8

拡《かく》

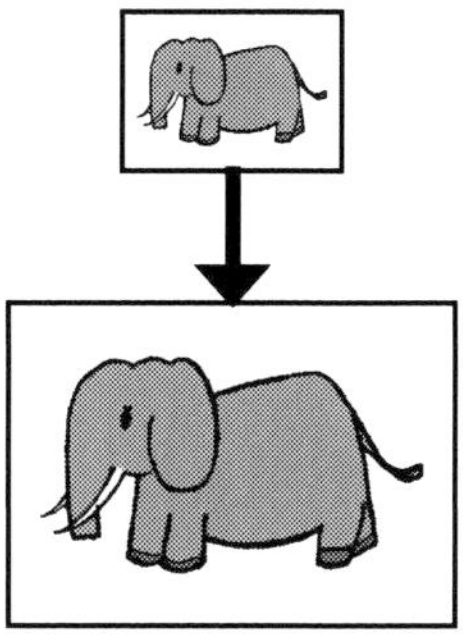

一 十 才 才 扩 扩 拡 拡

拡大

絵を 拡大する。

【書き練習】

1. この紙は□□□《さんびゃくまい》で四百五十円です。□□□□《せんにひゃくまい》買うと　いくらになりますか。

2. □□□《さんかくけい》の□□《ちょうてん》から□□《すいちょく》に□《せん》を□《ひ》きなさい。

3. □□□《しかくけい》の□□《めんせき》の出し方は□《たて》×□《よこ》です。

4. この□□《ちず》を□□《さんぶん》の□《いち》に□□《しゅくしょう》しなさい。

5. □《むずか》しい□□《もんだい》が□《と》けたときは　うれしいな。

6. □□《かんたん》な□□《もんだい》でも、よく□□《みなお》すことが□□《ひつよう》です。

7. □□□《きょうかしょ》にある□□□《さんかくけい》を□□《さんばい》に□□《かくだい》して、□□《こくばん》にかいた。

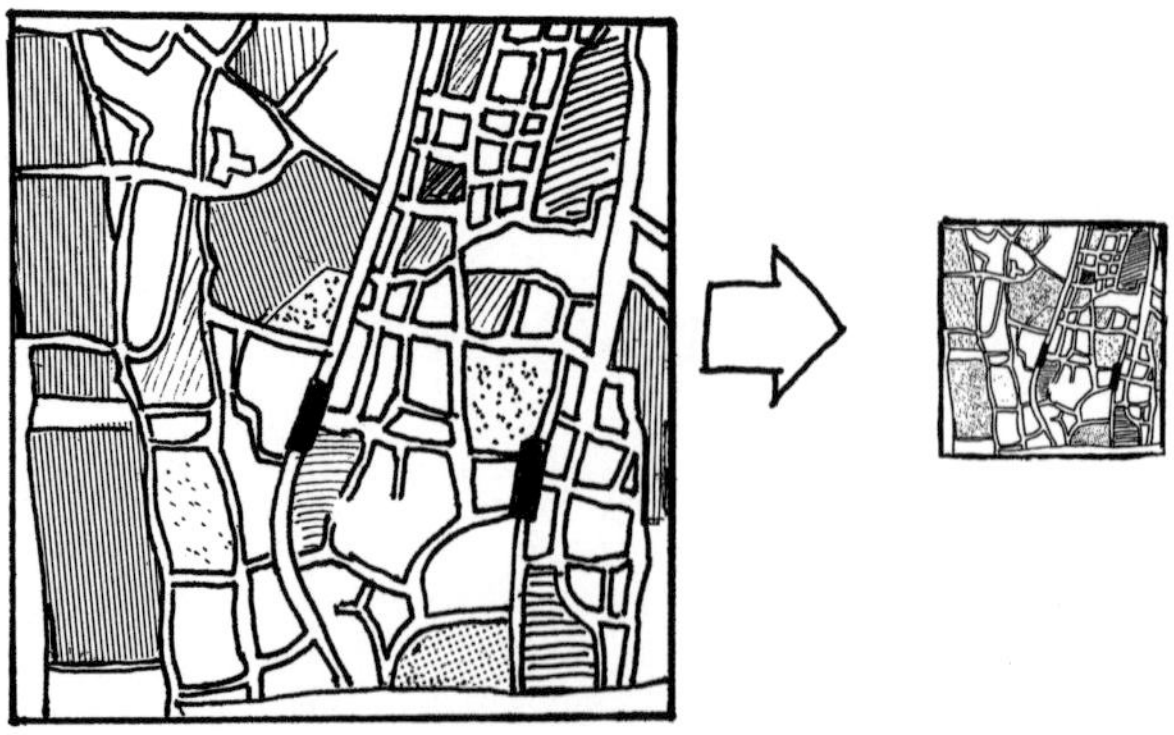

{直《チョッ》角　垂直《チョク》}

{理解《カイ》　解《と》ける}

{直《チョッ》角　直《なお》す}

{必《かなら》ず　必《ヒッ》要}

{黒《くろ》い　黒《コク》板}

{板《いた》　黒板《バン》}

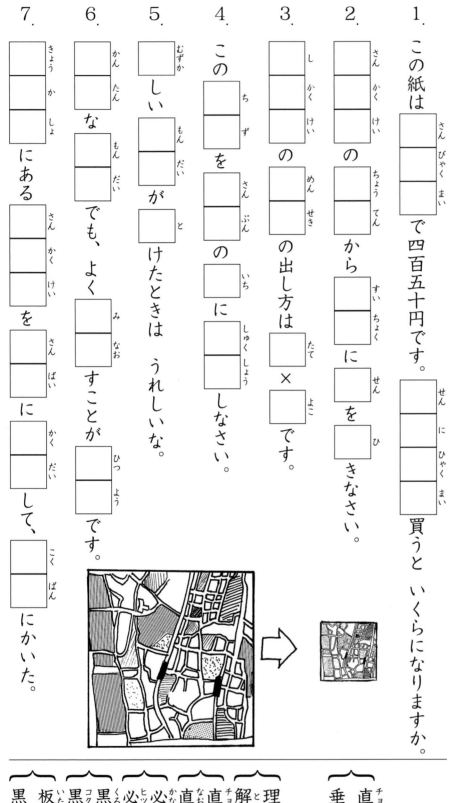

クイズ（七）

Ⅰ　反対語

「大きい」と「小さい」、「笑う」と「泣く」のように、反対の意味を持つ言葉を、［　　　］の中から見つけて（　　）の中に書きましょう。

1　山や川がそのまま残っていて、人が手を加えていないことを**自然**といいます。では、反対の言葉はなんでしょう。（　　　）

2　一日の勉強をして、学校から家に帰ることを**下校**《げこう》といいます。では、学校に行くことを何というでしょう。（　　　）

3　自分のいいところや、他人《たにん》のいいところを**長所**《ちょうしょ》といいます。では、悪いところを何というでしょう。（　　　）

4　体の具合が悪いことを**病気**といいます。では、その反対で元気なことを何といいますか。（　　　）

5　ガスや、電気のコンロやストーブに火をつけることを**点火**《てんか》といいます。では、消すことを何というでしょう。（　　　）

6　授業に出ることを**出席**といいます。では、授業に出ないで休むことを何といいますか。（　　　）

7　戦いがないことを**平和**《へいわ》といいます。では、その反対は何でしょう。（　　　）

登校	健康	欠席	人工
戦争	消火	短所《たんしょ》	

Ⅱ 漢字しりとり

1．料理 → 理□ → □学 → 学□ → □庭

2．訪問 → 問□ → □名 → 名□ → □家

3．星□ → □席 → 席□ → □番

座	科	画	校	順	題

4．拡大 → 大□ → □説 → 説□ → □治

5．勇□ → □分 → 分□ → □字

6．至□ → □用 → 用□ → □故

急	気	事	小	明	数

	宗	聖	宝	貴
画数	8	13	8	12
読み	しゅう	せい	ほう	き
絵				
ことば	宗教	聖火	国宝	貴族
筆順	丶 丷 宀 宀 宀 宁 宇 宗	一 丅 F E 耳 耶 耶 聖 聖	丶 丷 宀 宀 宁 宇 宝 宝	冂 口 中 虫 冉 冑 冑 貴 貴
例文	世界の 三大宗教って 何？	聖火台に 点火する。	国宝の お寺は たくさんある。	ひらがなは 貴族の 時代に できた。

将《しょう》（10）

将軍

丨 丬 丬 丬 丬 丬 丬 将 将 将

ナポレオンは 有名な 将軍だ。

革《かく》（9）

新しい 時代が来た
自由 バンザ～イ!
古い 時代

革命

一 十 廿 廿 廿 苎 苎 苩 革

革命で 新しい 政治を する。

尊《そん》（12）

Einstein
NOBEL

尊敬

丷 䒑 产 产 酋 酋 酋 酋 酋 尊 尊 尊

ぼくが 尊敬する人は アインシュタイン。

盟《めい》（13）

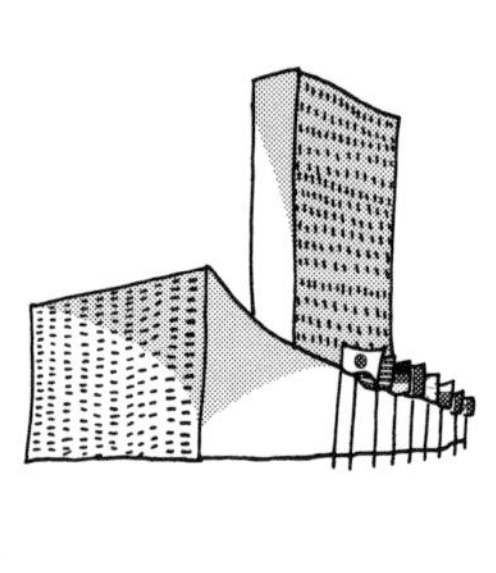

加盟

冂 冃 日 日 明 明 明 明 明 盟 盟 盟 盟

国連に 加盟している国は 百九十以上。

13

蒸

じょう

蒸気

一 艹 廿 芓 茅 茅 荗 蒸 蒸

蒸気機関車が 走っている。

15

遺

い

遺産

口 中 虫 冉 害 貴 遺 遺 遺

世界文化遺産は 今七百五十四か所だ。

【書き練習】

1. □□□□《しゅうがくりょこう》で奈良《なら》や京都のお□《てら》に行きました。□□□《はくぶつかん》では□□《ぶつぞう》や□《え》などの□□《こくほう》を見ました。よろいや　かぶとも□□《てんじ》してありました。

2. 千年ぐらい前、□□《きぞく》の□□《じだい》に、□□《かんじ》から、ひらがなが作られました。

3. □□《せかい》の三大□□《しゅうきょう》は、キリスト□《きょう》、□□《ぶっきょう》、イスラム□《きょう》です。

4. □□《ぶし》の□□《じだい》、□□《しょうぐん》が□□《せいじ》を□《おこな》っていました。

5. 日本は　一九九二年に、ユネスコの□□□□□□《せかいいさんじょうやく》に□□《かめい》しました。

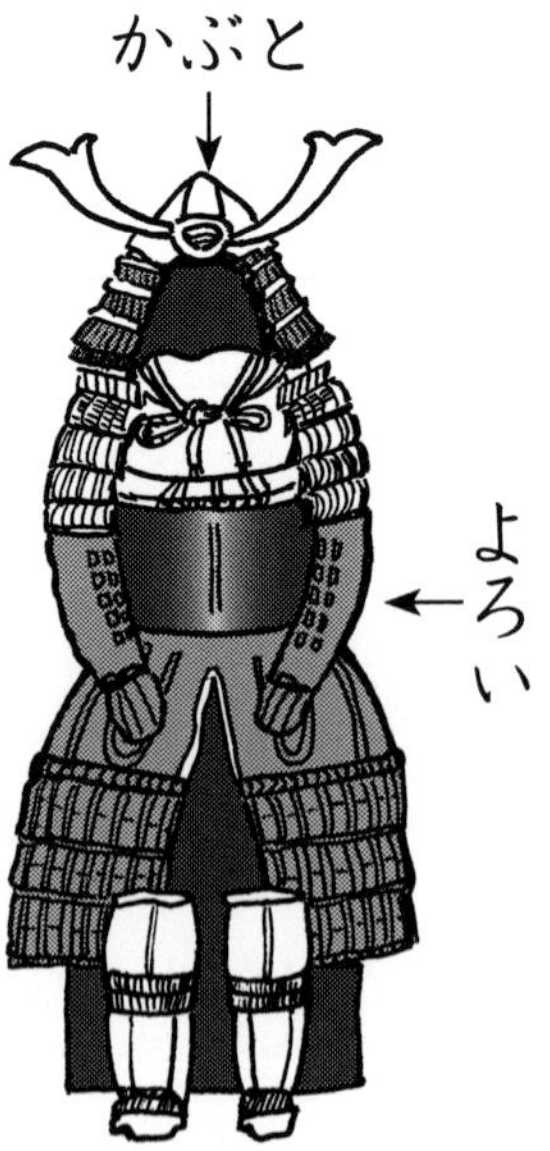

仏像《ブツ》
仏《ほとけ》様
仏《ブツ》教

行《い》く
行《おこな》う

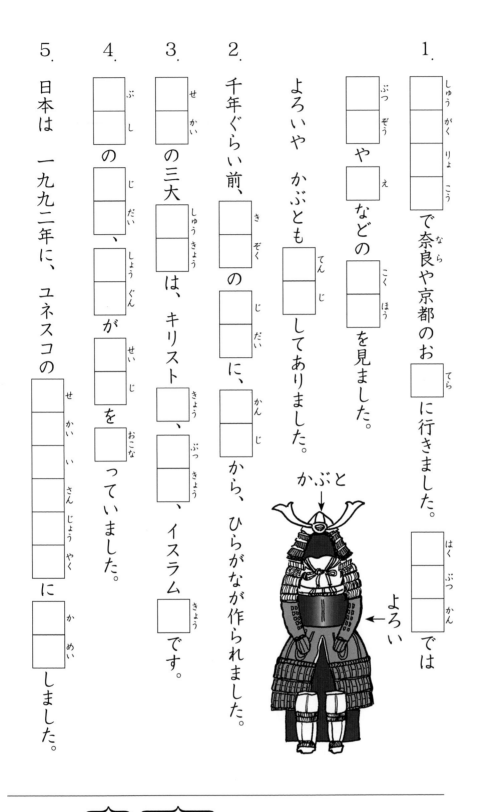

6. □《じゅう》□《けっ》□《せい》□《き》□《すえ》に、フランスでは□《おお》□《さま》を　たおし、□《あたら》しい□《せい》□《じ》が□《おこな》われるようになりました。これをフランス□《かく》□《めい》と　いいます。

7. □《まず》しさや　大やけどにも□《ま》けず、□《い》□《がく》の□《けん》□《きゅう》をした野口英世《のぐちひでよ》を□《そん》□《けい》しています。

8. 一九九八年に、長野《ながの》で冬季《とうき》オリンピック大会が□《ひら》かれました。ぼくのおじいさんは、□《せい》□《か》ランナーになったそうです。

9. 今から百二十年ぐらい前、東京の新橋《しんばし》と横浜の間を、□《はじ》めて□《じょう》□《き》□《き》□《かん》□《しゃ》が□《はし》りました。

命《いのち》
革命《メイ》

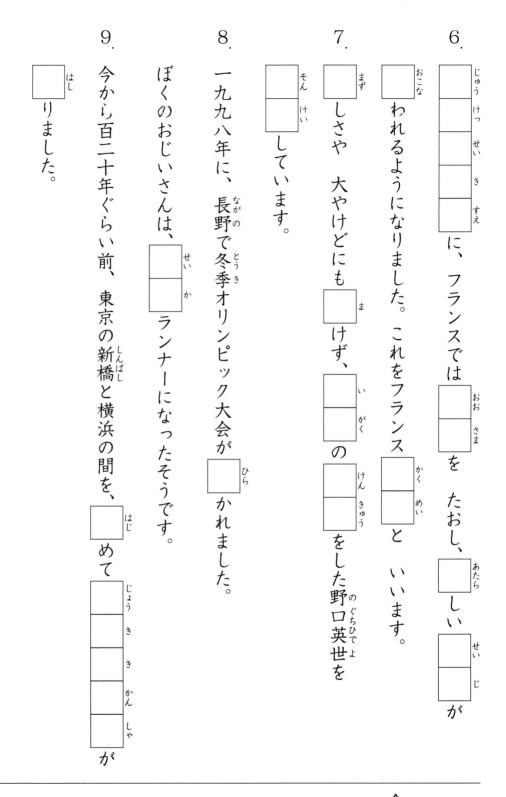

十一課　学校

担《たん》

8

6年2組

担任

一 十 扌 扣 扣 扣 担 担

わたしの 担任は 田中先生です。

若《わか》い

8

若い

一 十 廾 艹 芏 芋 若 若

元気な 若い 先生。

割《わり》

12

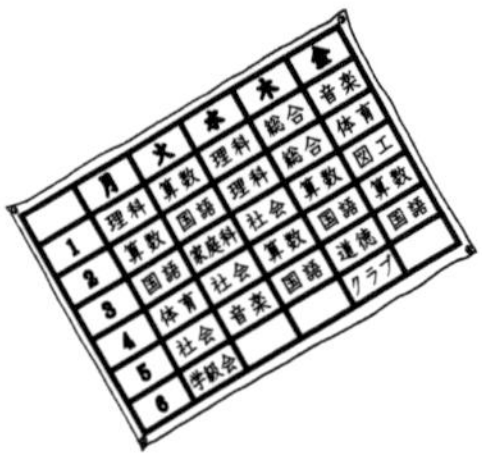

時間割

丶 ｜ 宀 宀 中 宔 害 害 割

毎日 時間割を 見て、準備する。

己《こ》

3

はじめまして、
タオです。
ベトナムから
きました。

自己

フ コ 己

タオちゃんが 自己しょうかいした。

姿《し》

9

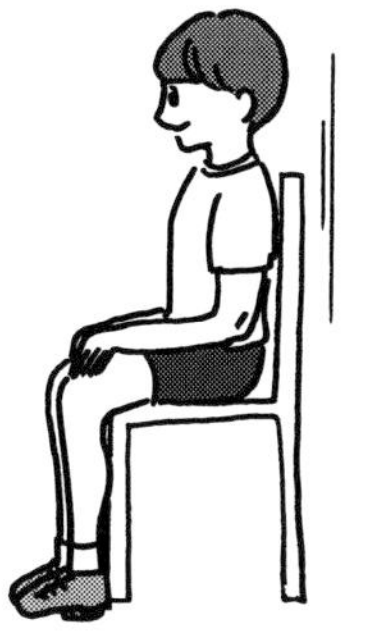

姿勢

、 冫 冫 次 次 次 姿 姿 姿

姿勢を 正しく しよう。

座《ざ》

10

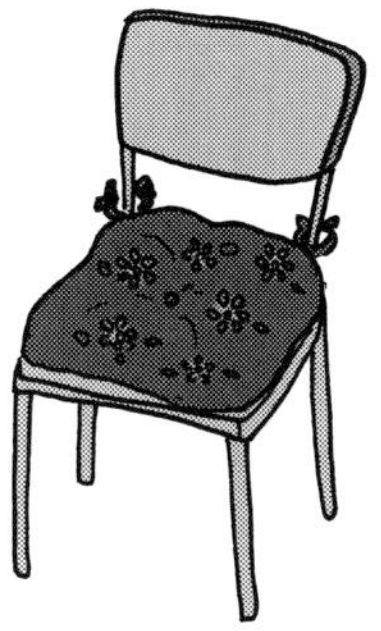

座ぶとん

亠 广 广 广 広 広 応 座 座 座

きれいな 座ぶとん。

私《わたし／わたくし》

7

私

一 二 千 禾 禾 私 私

鏡で 私の 顔を 見る。

忠《ちゅう》

8

好ききらいをすると体によくないよ。

忠告

丶 口 口 中 中 忠 忠 忠

先生の 忠告を 聞こう。

6

机《つくえ》

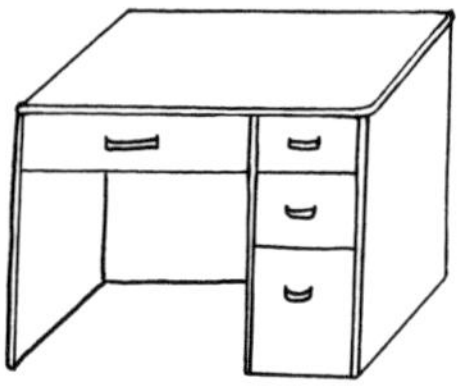

机

一 十 オ 木 机 机

机の 上を 整理した。

7

忘《わす》れる

忘れる

丶 亠 亡 亡 忘 忘 忘

宿題を 忘れちゃった。

11

盛《も》る

盛る

一 厂 万 成 成 成 成 盛 盛 盛 盛

カレーを お皿に 盛る。

12

棒《ぼう》

鉄棒

一 十 オ 木 木 木 柞 栲 棒 棒 棒 棒

鉄棒が うまくできない。

11	8	12	10
欲《よく》	呼《よ》ぶ	補《ほ》	班《はん》

意欲	呼ぶ	補欠	班
ノ ハ ク 父 谷 谷 谷 谷 欲	｜ ロ ロ 口' 口' 口' 呕 呼	丶 ラ ネ ネ 衤 衦 裥 補 補	丁 干 王 玎 玎 玎 玎 班 班
勉強する 意欲を 持とう。	コーチが 呼んでいる。	補欠選手が 二人 います。	ぼくの 班は 四人です。

誌《し》 14

日誌

学級日誌を 書く。

窓《まど》 11

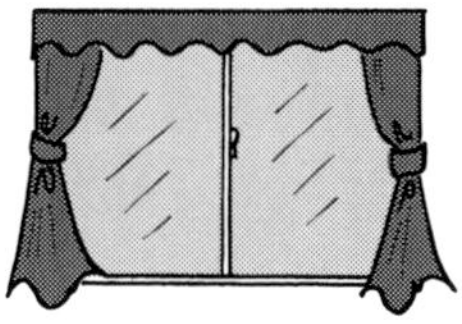

窓

窓に カーテンを つけた。

閉《し》める 11

閉める

窓を 閉める。

臨《りん》 18

臨時

かぜの人が多くて、臨時休校になった。

9

退 たい

早退

フ ョ ヨ 艮 艮 艮 丶艮 退 退

まりちゃんが 早退した。

【書き練習】

1. □《つくえ》は、□《まど》の□《ちか》くに□《お》くと□《あか》るくて いいです。

2. □《かぜ》が□《つよ》いので、□《まど》を□《し》めて□《べん》□《きょう》しました。

3. □《り》□《か》の□《じっ》□《けん》の□《はん》は、五人ずつです。

4. ひなん□《くん》□《れん》のとき、□《ざ》ぶとんを□《あたま》に かぶりました。

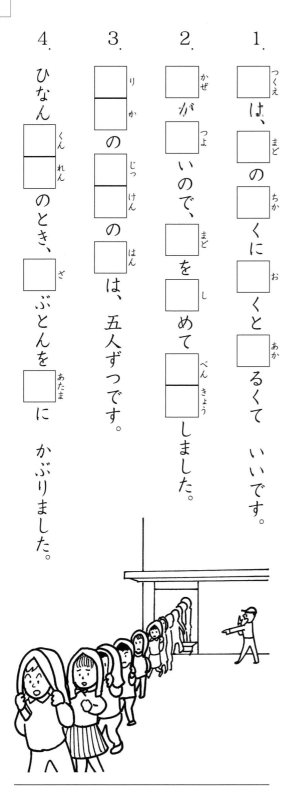

5. インフルエンザで、□□□□《りんじきゅうこう》になりました。

6. □《わたし》の□□《たんにん》の先生は、□□《じこ》には□《きび》しく、人にはやさしいです。

7. リレーの□□《せんしゅ》が かぜで休んだので、□□《ほけつ》だった□《わたし》が□《よ》ばれて□《はし》りました。

8. 先生が、□□《にっし》に赤ペンで□□《かんそう》を□《か》いてくださいました。

9. 「□□《しせい》を□《ただ》しくしないと、体によくない。」と先生がおっしゃいました。

10. □□《こうてい》には、ジャングルジムや□□《てつぼう》や□□《すなば》などがあります。

11. 先生の□《はなし》を□《き》いて□□《べんきょう》しようという□□《いよく》が出てきました。がんばるぞ。

12. □《あに》は先生の□□《ちゅうこく》を□《まも》ってまじめに勉強したので、□□《こうこう》に□□《ごうかく》しました。

13. 先生から□□□《じかんわり》をもらいました。□□□《げつようび》の一時間目は□□《さんすう》です。

14. □□《おんがく》の先生が、□□《がっこう》の先生の中で一番□《わか》いです。

15. 六年生になったので、□《わす》れ□《もの》をしないように□《き》を　つけています。

16. □□《きゅうしょく》のとき、□《わたし》はカレーライスが□□《だいす》きなので、たくさん□《も》ってもらいました。

17. 二時間目に□《あたま》が□《いた》くなったので、□□《そうたい》しました。

十二課 毎日の生活(一)

針《はり》

10

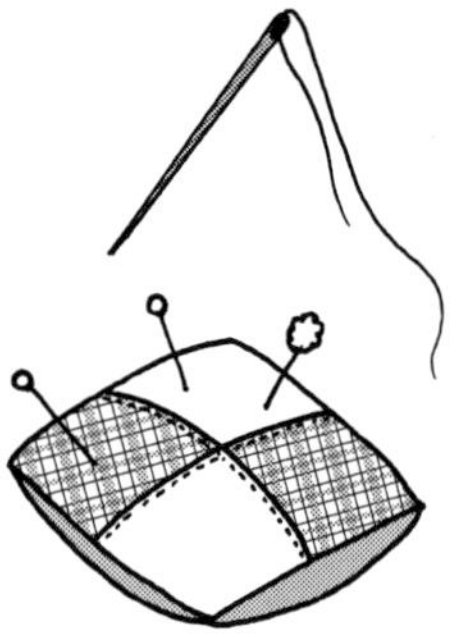

ノ 𠆢 亼 仐 全 余 金 釒 針

針

糸と 針。

卵《たまご》

7

ノ 𠂆 𠂎 卬 卯 卯 卵

卵

卵を 割る。

乳《にゅう》

8

ノ 𠂉 𠃌 爫 孚 孚 乳

牛乳

牛乳を 飲む。

蔵《ぞう》

15

艹 芦 芦 芦 蘆 蔵 蔵

冷蔵庫

大きい 冷蔵庫。

3	9	6	16
干《ほ》す	洗《せん》	存《ぞん》	糖《とう》

干す	洗たく	保存	砂糖
一 二 干	丶 冫 氵 氵 汁 汁 泩 浐 洗	一 ナ 𠂇 冇 存 存	丷 半 米 米 粁 粐 粓 粣 糖
ふとんを 干しましょう。	母は 洗たくが 好きです。	冷蔵庫に 保存する。	砂糖は あまい。

12	11	11	8
善《ぜん》	探《さが》す	捨《す》てる	届《とど》ける

丶 丷 䒑 兰 羊 羊 羊 盖 善	扌 扌 扌 扌 扌 扌 挥 探 探	一 十 扌 扌 扒 扲 拎 拴 捨	㇇ コ 尸 尸 局 屆 届 届
善意	探す	捨てる	届ける
善意で 集まった 物や お金を 送る。	針を 探す。	ごみを 捨てる。	荷物を 届ける。

12	14	6	6
勤《きん》	障《しょう》	至《し》	灰《はい》
			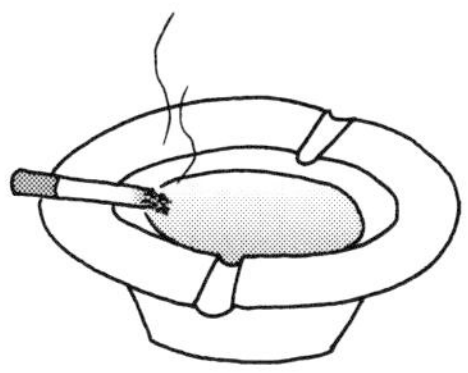
一 艹 艹 芇 芇 芇 堇 勤 勤	阝 阝 阝 阝 阝 陪 陪 隥 障	一 ㄊ 云 至 至 至	一 厂 厂 厂 灰 灰
通勤	故障	至急	灰皿
通勤ラッシュで 大変だ。	車が 故障してしまった。	至急 これを 届けてください。	灰皿を 取ってください。

【書き練習】

1. □□□《れいぞうこ》が□□《こしょう》したので、□□《しょくりょう》が□□《ほぞん》できなくて□《こま》っています。

2. お母さんは□《たまご》や□□《ぎゅうにゅう》や□□《さとう》を□《つか》っておいしいケーキを□《つく》ってくれます。

3. 「□《せん》たく□《もの》は、たたいてから□《ほ》しなさい。」と おばあさんが□《おし》えてくれました。

4. お父さんがたばこをやめたので、□□《はいざら》は いらなくなりました。

5. □《ちち》は、「□□《だいじ》な□□《しょるい》を□《わす》れたので、□□《しきゅう》□《とど》けてくれ。」と、□《はは》に□□《でんわ》をしてきました。

6. 先生が「一日に□《ひと》つ いいことをしなさい。それを□□□□《いちにちいちぜん》というのだよ。」と おっしゃいました。

7. 「いつも□《はり》と□《いと》を□《も》っていると□□《べんり》よ。」とお母さんが□《い》いました。

牛《うし》 / 牛《ギュウ》乳

砂《すな》 / 砂《サ》糖

一《いち》 / 一《ひと》つ

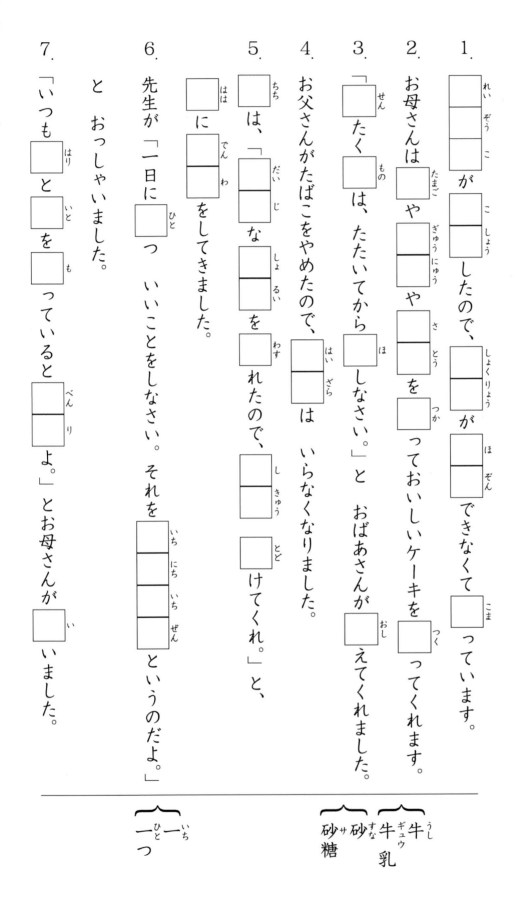

8. ごみは□《す》てる□《ひ》が□《き》まっています。□《も》えないごみは□《すい》□《よう》□《び》です。

9. おじいさんは、いつも□《なに》か□《さが》し□《もの》をしています。

10. □《あに》は、□《まい》□《にち》オートバイで□《かい》□《しゃ》に□《つう》□《きん》しています。

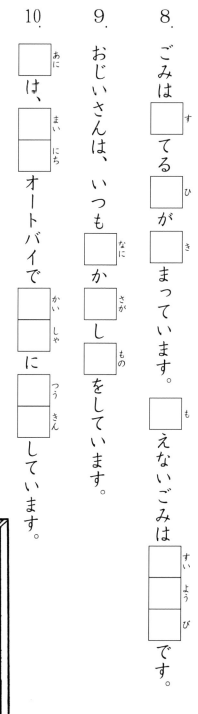

十三課　毎日の生活(二)

8	11	12	13
刻 こく	翌 よく	晩 ばん	裏 うら
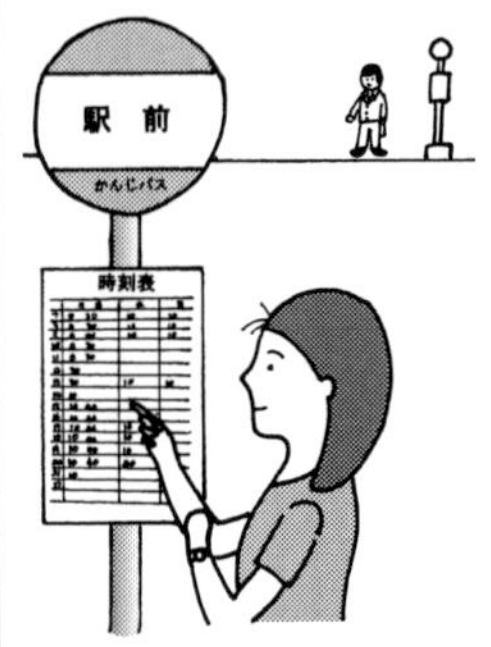			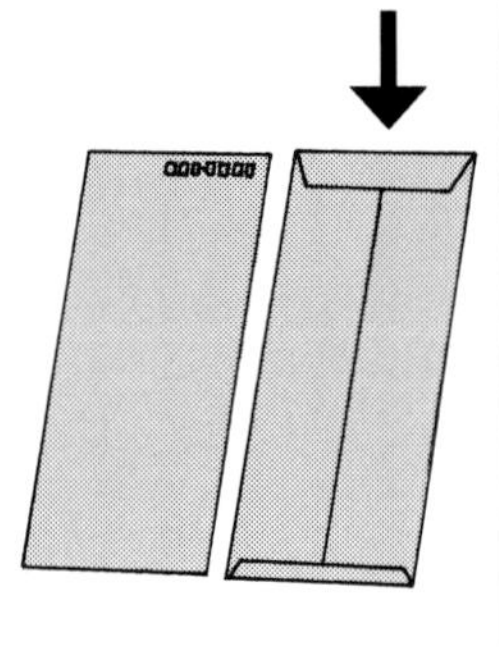
時刻表	翌朝	晩	裏
丶 亠 亠 亥 亥 亥 亥 刻	㇆ ㇆ 习 羽 羽 翌 翌 翌 翌	日 日 日' 日" 晗 晗 晗 晚 晩	亠 亠 亩 亩 亩 亩 重 重 重 裏
時刻表で バスの 時間を 見る。	前の 晩の 雨が 翌朝やんでいた。	今日の 晩ごはんは 何かな。	裏に 自分の 住所と 名前を 書く。

8	13	4	10
券 けん	賃 ちん	片 かた	値 ね
	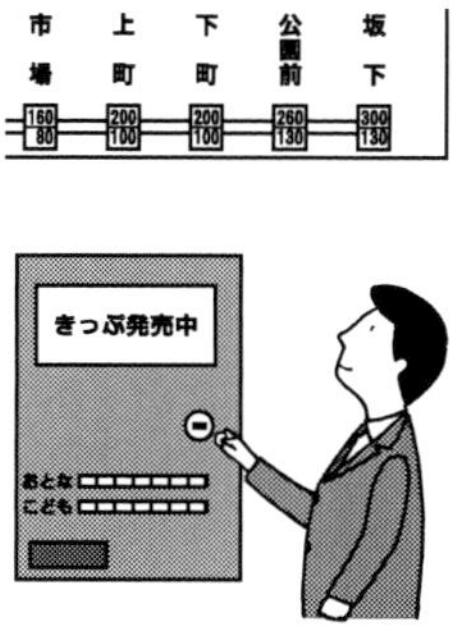	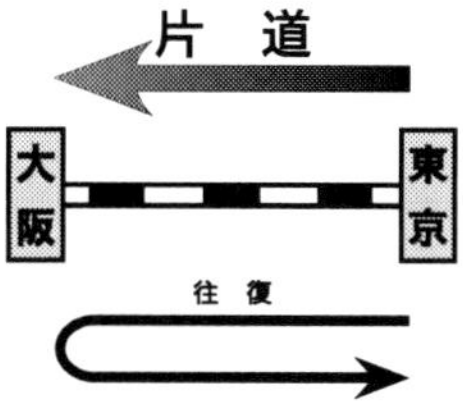	
券	運賃	片道	値段
丶 丷 䒑 兰 𠔉 关 券 券	ノ イ 仁 仁 任 任 賃 賃 賃	ノ リ 片 片	イ 仁 什 什 佶 佰 値 値 値
カレーライスの券を 買う。	あの駅までの 運賃は いくら。	片道の 切符を 買う。	値段を 見て 買おう。

4	14	7	5
収《しゅう》	模《も》	乱《らん》	幼《おさな》い

収入	模型	乱雑	幼い
丨 丩 収 収	十 木 朩 栱 栱 栟 栟 椝 模 模	一 二 千 千 舌 舌 乱	ㄑ 幺 幺 幻 幼
収入は 入ってくる お金のこと。	船の 模型を 作る。	乱雑な 机の 上。	幼い 弟は かわいい。

8

並《なら》ぶ

並ぶ

丶 丷 䒑 䒑 并 并 並 並

並んで 順番を 待つ。

13

預《あず》ける

預ける

フ マ 予 予 予 預 預 預 預 預 預 預 預

お金を 預ける。

10

恩《おん》

恩人

冂 冃 円 因 因 因 恩 恩 恩

ぼくの 命の 恩人。

【書き練習】

1. □□《はっしゃ》の□□《じこく》まで　まだ十五分あるから、お□□《べんとう》を□《か》っても□《ま》に合うね。

2. 東京から大阪《おおさか》まで□□《かたみち》の□□《うんちん》はいくらですか。

3. おばあさんが□《おさな》いころ、大きい地震《じしん》があったそうです。
このごろ時々　地震《じしん》があるのでこわいです。

4. □《ばん》から□《ふ》り出した□□《おおあめ》は□□《よくあさ》まで□《ふ》り□《つづ》いた。

5. 入ってくるお金を□□《しゅうにゅう》、出ていくお金を□□《ししゅつ》といいます。
私のおこづかいも□□《しゅうにゅう》といっていいですか。

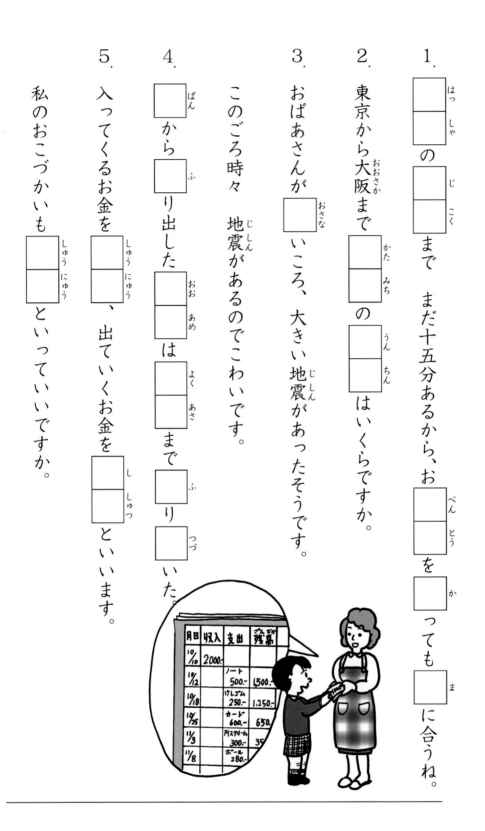

6. □《やす》くておいしい□《みせ》の□《まえ》にはいつも人が□《なら》んでいます。

7. 「□《ね》□《だん》の安い□《や》□《さい》を買ったら、やっぱり□《ふる》かった。」と お母さんが言っていました。

8. お□《にい》さんは、□《へ》□《や》が□《らん》□《ざつ》で、いつもお母さんにしかられています。

9. □《いもうと》とけんかしているとき、お□《とう》さんが□《たい》□《せつ》にしている□《ふね》の□《も》□《けい》をこわしてしまいました。どうしよう。

10. □《がっ》□《こう》の□《うら》□《もん》の前にある□《みせ》で、かわいいカードを□《か》いました。□《はは》の日に、お□《かあ》さんに あげます。

部《ブ》
部《へ》屋

大型《がた》
模型《ケイ》

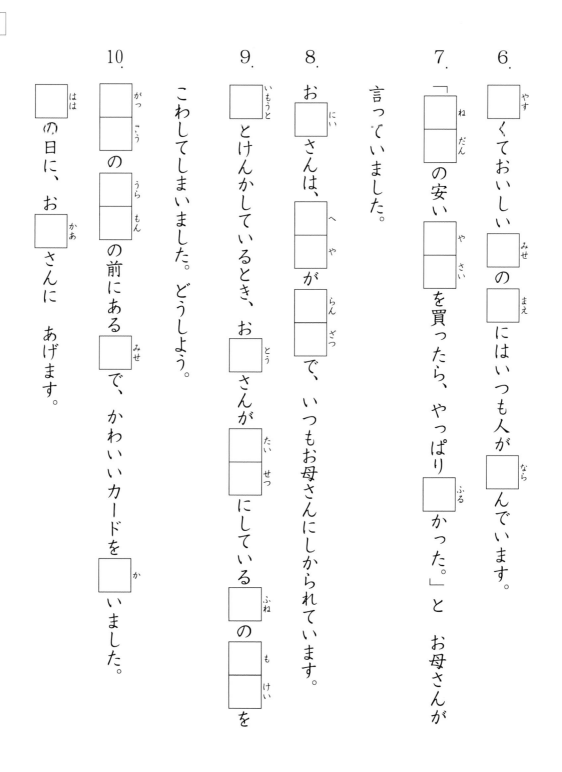

11. 大きい駅には□《に》□《もつ》を□《あず》けるためのコインロッカーがあります。

12. トム君のお父さんは□《おとうと》の□《いのち》の□《おん》□《じん》です。

13. ラーメンの□《けん》を□《か》いました。

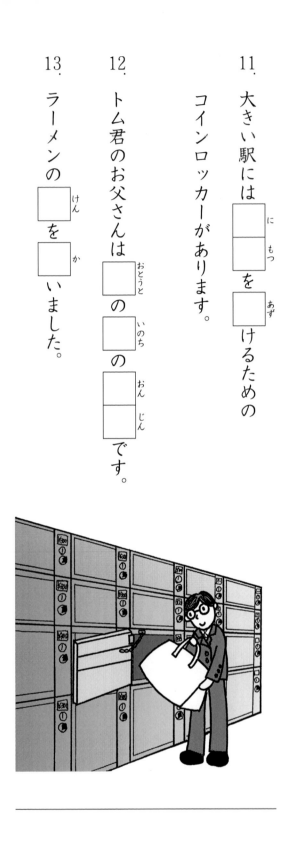

日本の行事

一月

お正月です。

「あけましておめでとう
ございます。」

五月 五日

子どもの日です。
しょうぶのおふろに
入ります。

二月

節分です。

「鬼《おに》は外
福は内」

七月 七日

七夕《たなばた》です。

願いを書いたたんざくを
ささの葉に下げます。

三月 三日

ひな祭りです。
おひな様をかざります。

九月

お月見をします。
すすきとおだんご
をかざります。

四月

入学式です。
新しい一年生が
学校に入ってきます。

十二月 三十一日

大みそか
除夜《じょや》のかねを
聞きます。

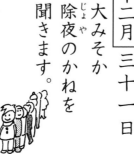

クイズ（八）

I □の中に漢字を書いて、(　　)の中に読み方を書きましょう。

例 (くび) 首　首相 (しゅしょう)

1. (こころ) □　□臓 (　　　)

2. (おや) □　□切 (　　　)

3. (みち) □　□路 (　　　)

4. (しま) □　諸□ (　　　)

5. (いし) □　磁□ (　　　)

6. (て) □　選□ (　　　)

7. (ゆき) □　除□ (　　　)

8. (お) □く　処□ (　　　)

9. (ころ) □ぶ　運□ (　　　)

10. (み) □る　意□ (　　　)

11. (なら) □う　練□ (　　　)

12. (なが) □れる　海□ (　　　)

13. (うつ) □る　推□ (　　　)

14. (あ) □う　社□ (　　　)

15. (き) □める　解□ (　　　)

16. (う) □む　□業 (　　　)

17. (つと) □める　□力 (　　　)

18. (た) □てる　□築 (　　　)

19. (ふ) □える　□加 (　　　)

手 流 雪 建 努 道 親 産 石 心
島 決 移 ~~首~~ 習 会 見 転 置 増

Ⅱ　正しいほうの字を選んで、線で結んで、熟語を作りましょう。

例　知 ＜ 識（例：知—識）／ 織

1. 面 ＜ 積 ／ 績

2. 専 ＜ 門 ／ 問

3. 職 ／ 織 ＞ 業

4. 義 ／ 議 ＞ 員

5. 末 ／ 未 ＞ 来

Ⅲ　次の「つくり」に合う「へん」を下の四角の中から選んで、正しい漢字を書きましょう。

晴 清 	反　主 反　主 反　主	也　昜 也　昜 也 	寸　直 寸　直 寸 
日　氵	亻　木　氵　土	氵　亻　土	亻　木　言

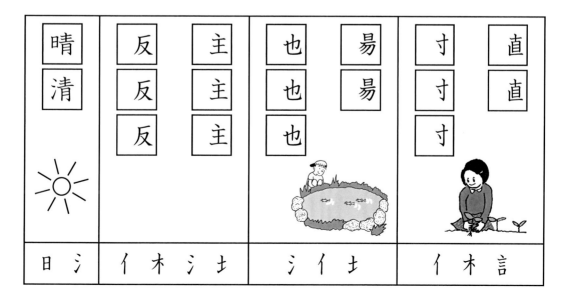

十四課　つるの恩《おん》返《がえ》し

昔々、山の中に　一人の若者《わかもの》が住んでいました。
まきにする木を切って、町に売りに行く
仕事をしていました。

あるとき、若者はいつものように
山の中で木を切っていました。

「クー・・・。」

羽に矢がささっている　一羽のつるが

苦しそうにしていたのです。

「かわいそうに。

だれがこんなことをしたんだろう。」と、

言いながら、若者は矢をぬいて、

持っていた薬を傷口につけてあげました。

「もうだいじょうぶだよ。飛んでごらん。」と、言って、
つるを　空に向かって放《はな》しました。
つるは　うれしそうに飛んでいきました。
つるは　だんだん遠くなり、見えなくなりました。

若者がつるを助けてから、四、五日過《す》ぎたある夜《よる》、
トントンと戸をたたく音がしました。
若者が戸を開けると、山も木も雪で真っ白でした。
真っ白な着物をきた若い女の人が立っていました。

女の人は「山の中で道にまよってしまいました。
一晩とめてください。」と、言いました。
若者は「いいですよ。寒いでしょう。
どうぞ、中に入ってください。」と、言いました。

次の日も次の日も雪が降って、外には出られませんでした。
女の人は若者の食事を作ったり、家をきれいに片づけたり、毎日働きました。
そして「どうぞ私をいつまでもここに置いてください。」と、女の人が言いました。
若者はうれしそうに笑って、
「ありがとう。どうぞいつまでもいてください。」
と、言いました。
若者と女の人は、なかよく暮らしはじめました。

ある日、女の人は若者にたのみました。

「布を織りたいので、はたおり小屋《ごや》を建ててください。」

「いいよ。」若者は家のとなりに小屋《こや》を建てました。

女の人は「布を織っている間は絶対にのぞかないでくださいね。」と、言いました。

そして、若者が町で買ってきた糸を持って小屋に入りました。
はたを織っている音が、キーバッタン、キーバッタンと、聞こえました。
三日目の夜、女の人は真っ白に光る美しい布を若者に渡《わた》して言いました。
「これを町に持って行って売ってください。」

美しい布は、町で高く売れました。

若者はお金をたくさんもらえるので大喜びでした。

何回も女の人に頼《たの》みました。


女の人はだんだんやせて細くなりました。

若者が「また、美しい布を織ってくれ。」と、たのみました。

女の人は「これが最後ですよ」と小さい声で答えて小屋に入って行きました。後ろ姿《すがた》は元気がなく、やせてとても細くなっていました。

若者は心配《しんぱい》になって「もう織らなくてもいいよ！」と、大きな声で言いましたが、
キーバッタン、キーバッタンと、はたを織る音だけが聞こえました。

若者は心配で、女の人との約束を忘れて、のぞいてしまいました。

小屋の中にはやせたつるが自分の羽をぬいて布を織っていました。


若者はびっくりしました。

「あっ、つる!」

つるは、ふりむきました。


そしてまた、女の人になりました。

「私は前にあなたに助けてもらったつるです。ご恩返しがしたくて、ここに来ました。でもつるの姿《すがた》を見られてしまいました。お別れしなければなりません。」女の人は悲しそうに言いました。

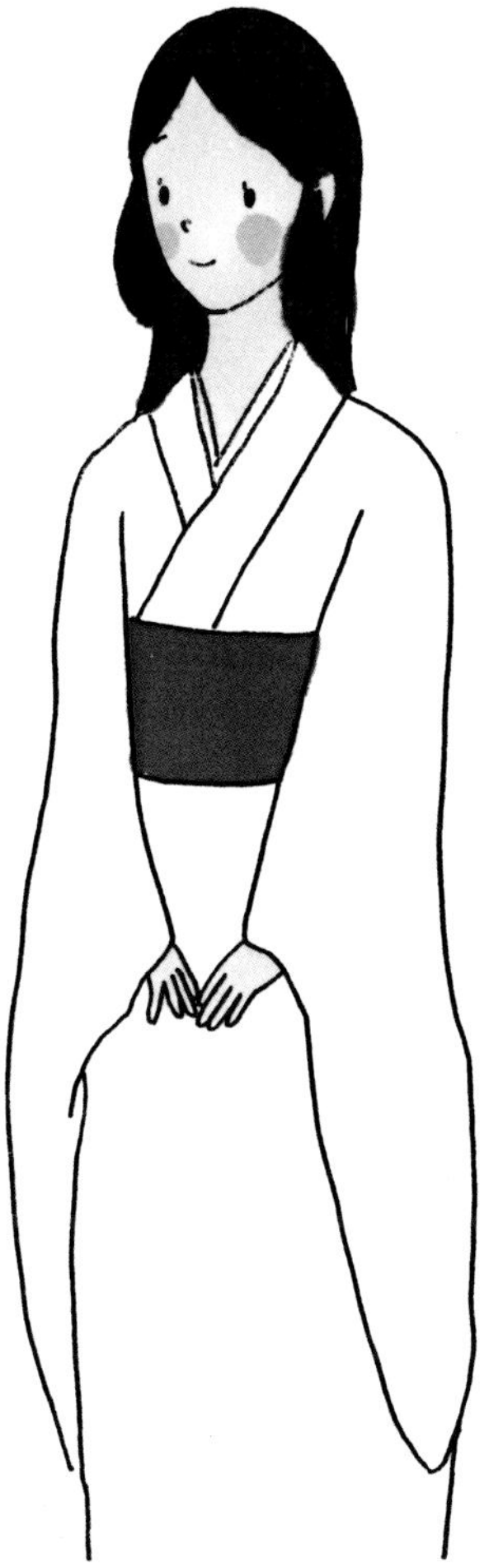

若者は「許《ゆる》してください。どうぞ、いつまでも私といっしょにいてください！」
と言いました。
しかし、女の人は泣きながら、首を横にふりました。
女の人は白いきれいなつるに変わり、空高く飛んで行きました。
クークークー・・・・
若者は追いかけましたが、つるの姿《すがた》は
山の向こうに見えなくなりました。
「ありがとう。さようなら。」
若者は大きく手を振《ふ》りながら、叫《さけ》びました。

終わり

六年生の漢字《かんじ》画数《かくすう》

画《かく》数《すう》	漢《かん》字《じ》
三画	干己寸亡
四画	尺収仁片
五画	穴冊処庁幼
六画	宇灰危机吸后至舌存宅
七画	我系孝困私否批忘乱卵
八画	延沿拡供券呼刻若宗承垂坦宙忠届乳拝並宝枚
九画	冒映革巻看皇紅砂姿宣専泉洗染奏退段派背肺律
十画	恩株胸降骨座蚕射従純除将針値展討党納俳班秘俵陛朗
十一画	異域郷済視捨推盛窓探著頂脳閉訪密訳郵欲翌
十二画	割揮貴勤筋敬裁策詞就衆善創装尊痛晩補棒
十三画	絹源署傷蒸聖誠暖腸賃腹幕盟預裏
十四画	閣疑誤穀誌磁障銭層認暮模
十五画	遺劇権熟諸蔵誕敵潮論
十六画	激憲鋼樹縦操糖奮
十七画	厳縮優覧
十八画	簡難臨
十九画	警臓

いろいろな読み方

▒ はこの練習帳であつかった読み方です。カッコの中は送り仮名です。カタカナは音読みで、ひらがなは訓読みです。

【新出漢字】

三画

漢字	読み	課	頁
干	**ほ(す)**	12	75
	カン		
己	**コ**	11	69
寸	**スン**	3	14
亡	**ボウ**	5	27
	な(くなる)		

四画

漢字	読み	課	頁
尺	**シャク**	3	13
収	**シュウ**	13	81
仁	**ジン**	1	2
片	**かた**	13	82
	ヘン		

五画

漢字	読み	課	頁
穴	**あな**	2	7
冊	**サツ**	8	50
処	**ショ**	1	1
庁	**チョウ**	5	28
幼	**おさな(い)**	13	81
	ヨウ		

六画

漢字	読み	課	頁
宇	**ウ**	7	42
灰	**はい**	12	75
危	**キ**	2	8
	あぶ(ない)	12	79
机	**つくえ**	11	69
吸	**す(う)**	1	2
	キュウ		
后	**ゴウ**	7	41
至	**シ**	12	76
	いた(る)		
舌	**した**	1	1
	ゼツ		
存	**ゾン**	12	76
宅	**タク**	3	14

七画

漢字	読み	課	頁
我	**われ**	5	28
	わ		
	ガ		
系	**ケイ**	7	42
孝	**コウ**	3	13

困　こま(る)　3—14
　　コン
私　わたし／わたくし　11—69
　　シ
否　ヒ　8—50
批　ヒ　5—27
忘　わす(れる)　11—69
　　ボウ
乱　ラン　13—82
　　みだ(れる)
卵　たまご　12—75
　　ラン

八画　課　頁

延　エン　5—28
沿　エン　2—7
拡　カク　9—55
　　ひろ(げる)

供　そな(える)　3—14
　　キョウ
　　ク
券　ケン　13—82
承　ショウ　3—13
呼　よ(ぶ)　11—70
　　コ
刻　コク　13—82
若　わか(い)　11—69
　　ジャク
宗　シュウ　10—64
　　ソウ
垂　スイ　9—56
　　た(れる)
担　タン　11—69
宙　チュウ　7—42
忠　チュウ　11—69
届　とど(ける／く)　12—76
乳　ニュウ　12—75

拝　おが(む)　3—14
　　ハイ
並　なら(べる／ぶ)　13—81
宝　ホウ　10—63
　　たから
枚　マイ　9—55

九画　課　頁

胃　イ　1—1
映　エイ　7—41
　　うつ(る)
革　カク　10—64
　　かわ
巻　ま(く)　1—1
　　カン
看　カン　1—2
皇　コウ　7—41
紅　コウ　2—7
　　くれない

漢字	読み	課	頁
砂	すな	2	7
	サ	12	75
姿	シ	11	69
	すがた		
宣	セン	7	42
専	セン	4	22
泉	セン	2	8
洗	セン	12	75
	あら(う)		
染	そ(める)	3	14
	セン		
奏	ソウ	7	41
	かな(でる)		
退	タイ	11	70
	しりぞ(く)		
段	ダン	8	49
派	ハ	5	27
背	せ	1	1
	ハイ		
肺	ハイ	1	1
律	リツ	5	28

十画

漢字	読み	課	頁
恩	オン	13	81
株	かぶ	2	7
胸	むね	1	1
降	ふ(る)	2	7
	お(りる)		
	コウ		
骨	ほね	1	1
	コツ		
座	ザ	11	69
	すわ(る)		
蚕	かいこ	6	33
	サン		
射	シャ	1	2
	い(る)		
従	ジュウ	4	22
	したが(う)		
純	ジュン	3	13
除	ジョ	6	33
	のぞ(く)		
将	ショウ	10	64
針	はり	12	76
	シン		
値	ね	13	81
	あたい		
	チ		
展	テン	7	42
討	トウ	5	28
	う(つ)		
党	トウ	5	27
納	おさ(める)	5	27
	のう		
俳	ハイ	8	49
班	ハン	11	70
秘	ヒ	4	21
俵	ヒョウ	7	42
	たわら		

漢字	読み	課	頁
陛	**ヘイ**	7	41
朗	**ロウ**	8	49

十一画

漢字	読み	課	頁
異	**イ**	2	8
域	**イキ**	6	33
郷	**キョウ**	6	34
	ゴウ		
済	**ザイ／サイ**	5	28
視	**シ**	1	2
捨	**す(てる)**	12	75
	シャ		
推	**スイ**	6	33
	お(す)		
盛	**も(る)**	11	69
	さか(ん)		
	セイ		
窓	**まど**	11	70
	ソウ		

漢字	読み	課	頁
探	**さが(す)**	12	76
	タン		
著	**チョ**	8	49
	あらわ(す)		
頂	**チョウ**	9	56
	いただき		
脳	**ノウ**	1	1
閉	**し(める)**	11	70
	ヘイ		
訪	**ホウ**	6	34
	おとず(れる)		
	たず(ねる)		
密	**ミツ**	6	33
訳	**ヤク**	4	22
	わけ		
郵	**ユウ**	4	21
欲	**ヨク**	11	70
	ほ(しい)		
翌	**ヨク**	13	82

十二画

漢字	読み	課	頁
割	**わり**	11	69
揮	**キ**	4	21
貴	**キ**	10	64
	とうと(い)		
勤	**キン**	12	76
	つと(める)		
筋	**キン**	1	1
	すじ		
敬	**ケイ**	8	50
	うやま(う)		
裁	**サイ**	5	28
策	**サク**	5	27
詞	**シ**	8	49
就	**シュウ**	5	27
	つ(く)		
衆	**シュウ**	5	28
善	**ゼン**	12	76

十五画

		課	頁
遺	イ	10	64
劇	ゲキ	7	41
権	ケン	5	28
熟	ジュク	8	50
諸	ショ	6	34
蔵	ゾウ	12	75
誕	タン	3	13
潮	しお	2	7
	チョウ		
敵	テキ	7	42
論	ロン	5	28
縦	たて	9	56
	ジュウ		
操	ソウ	1	2
糖	トウ	12	75
奮	フン	7	42
	ふる(う)		

十六画

		課	頁
激	はげ(しい)	2	8
	ゲキ		
憲	ケン	5	28
鋼	コウ	6	34
樹	ジュ	2	7

十七画

		課	頁
厳	きび(しい)	3	13
	ゲン		
縮	シュク	9	55
	ちぢ(む)		
優	ユウ	3	13
	やさ(しい)		
覧	ラン	7	42

十八画

		課	頁
簡	カン	9	56
難	むずか(しい)	9	56
	ナン		
臨	リン	11	70
	のぞ(む)		

十九画

		課	頁
警	ケイ	4	21
臓	ゾウ	1	1

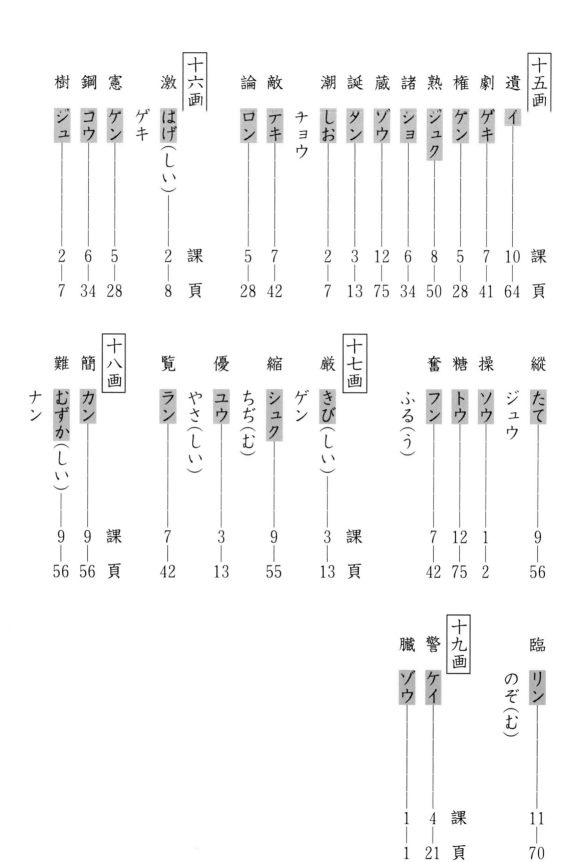

【読み替え漢字】

七画

漢字	読み	巻	課	頁
決	き(まる)	3	2	13
	ケツ	5	5	29
	ケッ	6	1	6
助	たす(ける)	3	13	144
	ジョ	6	8	49
努	ド	4	9	48
	つと(める)	6	4	117
判	ハン	5	5	26
	バン	6	5	28
里	さと	2	1	2
	リ	6	6	34
冷	つめ(たい)	4	12	67
	レイ	6	12	75

八画

漢字	読み	巻	課	頁
岸	きし	3	8	85
	ガン	6	2	104
空	そら	1	6	36
	クウ	6	1	5
直	チョク	2	12	101
	チョッ	3	5	49
	ジキ	6	3	17
	なお(す)	6	9	147
実	み	3	6	63
	ジツ	6	3	14
表	ひょう	3	5	49
	ぴょう	3	6	64
	あら(わす)	6	6	38
	おもて	6	13	82
命	いのち	3	1	2
	メイ	6	10	64

九画

漢字	読み	巻	課	頁
計	ケイ	2	12	102
	はか(る)	6	9	59
型	がた	4	16	90
	ケイ	6	13	81
建	た(てる)	4	3	14
	だ(て)	5	14	85
	ケン	6	4	118
指	ゆび	3	1	1
	シ	5	9	49
	さ(す)	6	2	105
重	ジュウ	3	1	1
	おも(い)	4	11	153
	かさ(なる)	6	2	12
首	くび	2	6	45
	シュ	6	5	31
相	ソウ	3	3	23
	あい	5	7	41
	ショウ	6	5	31
神	ジン	3	11	119
	シン	5	3	14
	かみ	6	3	18

学習者の習熟度の確認にお使いください

六年生の漢字

1. 灰皿　2. 人間の脳　3. 魚の骨　4. 幼いころ　5. 針と糸　6. 砂遊び　7. 夕暮れ　8. 異常気象《きしょう》

9. 穴の中　10. 時間割　11. 私の班　12. 災害の救済　13. 伊豆《いず》諸島　14. 三大宗教　15. 弟の誕生日

16. 簡単な計算　17. 貴族の生活　18. 産業革命　19. 世界遺産　20. 人々の善意　21. 乱暴な字　22. 弱い視力

23. 台風の翌朝　24. 危険な場所　25. 厳しい先生　26. 補欠選手　27. 車の模型　28. 先生のお宅

29. 医は仁術　30. 暖かい部屋　31. 電車の沿線　32. 純白のドレス　33. カメラの値段　34. 自己紹介《しょうかい》

35. かわいい座ぶとん　36. 三角形の頂点　37. はがきの表と裏　38. 先生の忠告　39. 建築の専門家

40. 会社の従業員　41. 批判的な意見　42. 警官の服装　43. オーケストラの指揮者　44. 黒潮の流れ

45. 地層の写真　46. 否定文と疑問文　47. 厚い胸と大きい背中　48. 尊敬する人　49. テレビの故障

50. 天皇《てんのう》陛下と皇后陛下のご訪問　51. 磁石のN極とS極　52. 新幹線の時刻表を買う。　53. 包帯を巻く。

54. 痛い注射はきらい。　55. うちでは蚕を飼っている。　56. 俳句を読む。　57. 同盟をむすんでいる国。

58. 敬語を使って話そう。　59. 母の看病をする。　60. 寒いので窓を閉める。　61. 誤字を直して清書する。

62. 母の日に親孝行をする。
63. 神様を拝む。
64. 肺で息を吸う。
65. みんなで机を並べる。
66. かみの毛を染める。
67. 国民は納税の義務がある。
68. 紅葉を見に行く。
69. お墓に花を供える。
70. 走ったので心臓がドキドキする。
71. 蒸気機関車が走るのを見た。
72. 温泉は気持ちがいい。
73. 運動すると筋肉が発達する。
74. 激しく雨が降る。
75. 誠実な人が好き。
76. 絹のスカーフを買う。
77. 家族そろって晩ごはんを食べる。
78. この川の源流はどこ？
79. 主食に穀物を食べる。
80. クラスで討論会を開く。
81. 日直は学級日誌を書く。
82. あれは鋼鉄で作った橋だ。
83. 詩の朗読はすばらしかった。
84. 足の傷の処置をしてもらう。
85. 自分のまちがいを認めてあやまった。
86. どうしよう、宿題を忘れちゃった。
87. 切り株で樹木の年令がわかる。
88. 片方のくつ下がなくて、探しまわる。
89. 新型の除雪車が来た。
90. お姉さんのピアノの演奏会に行く。
91. この荷物を至急届けてください。
92. 美術館に絵の展覧会を見に行った。
93. ぼくの町の人口の推移を調べる。
94. 商品がよく売れるように宣伝する。
95. 良い姿勢で勉強するようにと先生に言われる。
96. 社会の勉強で裁判所を見学した。
97. 庭に洗たく物を干す。
98. 漢字の熟語を覚えるのは大変です。
99. 救急車を呼ぶ時は消防署に電話する。
100. 兄は通訳の勉強をしている。
101. あの人が今度《こんど》大臣に就任した女性です。
102. 国宝の寺を見学する。
103. お父さんは毎日電車で通勤する。

104. 都庁の展望台《てんぼうだい》に上《のぼ》った。
105. 我々国民は、税金の使われ方を知る権利がある。
106. 垂直に線を引く。
107. 国旗《こっき》の縦と横を測る。
108. 物価《ぶっか》を下げるための政策を考える。
109. コピー機で拡大したり、縮小したりする。
110. 五月三日は憲法記念日だ。
111. 法律は守らなければならない。
112. かぎを忘れて、家に入れなくて困った。
113. お皿にカレーライスを盛る。
114. お正月に、郷里へ帰る人が多い。
115. 田中君のお姉さんは秘書だ。
116. これは、独創的な作品だ。
117. アフリカでは子どもの死亡率が高い。
118. 聖火が赤々と燃えている。
119. 体育の時間に体操と鉄棒をする。
120. 劇場の幕が静かに開いた。
121. あの将軍は若いが、強くて有名だ。
122. 郵便局で記念切手を十枚買った。
123. 大きくなったら宇宙飛行士になりたい。
124. 意欲を持って勉強しよう。
125. 火星も地球も太陽系に属している。
126. この本の著者は科学者だ。
127. 雨で、野球の試合が延期になった。
128. 東京は、人口密度が高い。
129. 図書館で本を三冊借りた。
130. 長い作文を、四つの段落に分けて書いた。
131. 日本語は、助詞が難しい。
132. 私たちの担任はやさしくていい先生だ。
133. 野菜を冷蔵庫に入れて保存する。
134. 戦争の映画を見て興奮した。
135. 卵と、牛乳と、砂糖と、小麦粉で、おいしいケーキを作った。
136. ぼくは、おじいさんの尺八を聞くのが好きだ。
137. 反対派が多いから、今度の衆議院選挙はどの党が勝つか分からない。
138. 父が、臨時収入があったからと言って時計《とけい》を買ってくれた。

139. 腸が健康だとご飯もおいしく食べられる。

140. 舌の色を見ると、元気かどうかわかる。

141. 「銭」は昔のお金の単位だ。

142. 試合のときは、クラスが敵と味方にわかれる。

143. おすもうさんが土俵の上で塩をまいている。

144. 胃が痛かったので、早退した。

145. 新幹線の往復乗車券を買った。

146. お母さんが犬を飼うことを承知してくれた。

147. 田中さんは 命の恩人だ。

148. 子どもをおばあさんに預ける。

149. おなかのことを腹とも言う。

150. 農地が多い地域

151. シャツを三枚買った。

152. 新しい内閣が誕生した。

153. 一寸は三・〇三センチです。

答え

クイズ(一) 20ページ

1、
1. 効く（きく）
2. 比べる（くらべる）
3. 測る（はかる）
4. 織る（おる）
5. 編む（あむ）
6. 耕す（たがやす）
7. 借りる（かりる）
8. 招く（まね）
9. 飼う（かう）
10. 降る（ふる）

2、

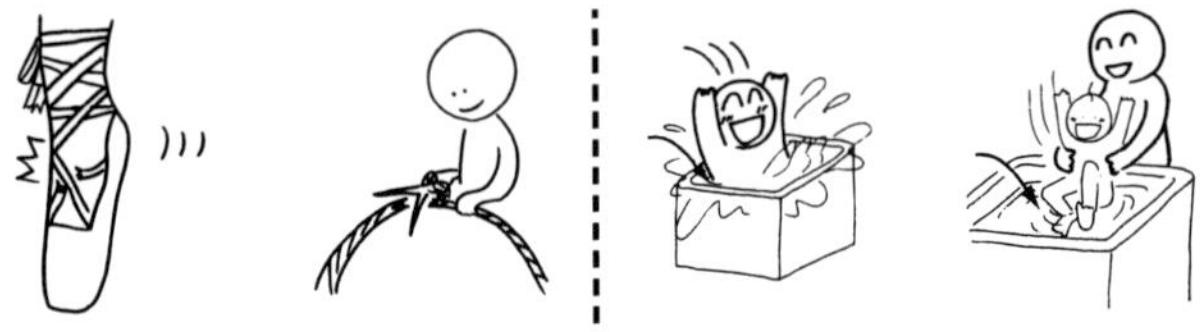

ひもが（切れる）　ひもを（切る）　おふろに（入る）　おふろに（入れる）

3、
- 生：生まれる（うまれる）／生きる（いきる）
- 苦：苦しい（くるしい）／苦い（にがい）
- 着：着る（きる）／着く（つく）
- 少：少し（すこし）／少ない（すくない）

クイズ(三) 62ページ

1、①―b, ②―a
2、①―b, ②―a
3、①―b, ②―c, ③―d, ④―a
4、①―b, ②―a, ③―c
5、①―b, ②―a

クイズ(二) 40ページ

クイズ(四) 88ページ

1. ① 直 ② 治
2. ① 聞 ② 効
3. ① 会 ② 合
4. ① 飼 ② 買
5. ① 居間 ② 今
6. ① 自己 ② 事故
7. ① 協力 ② 強力
8. ① 再会 ② 再開
9. ① 清書 ② 聖書
10. ① 感心 ② 関心
11. ① 四角 ② 資格
12. ① 公園 ② 講演

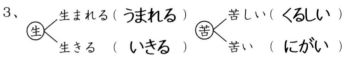

クイズ（五）112ページ

1．a－五画　2．b－十画　3．a－八画
4．a－十二画　5．b－九画　6．a－十画

クイズ（六）130ページ

1．学校に関係がある熟語

1、総合（そうごう）　2、習字（しゅうじ）
3、学校（がっこう）　4、合同（ごうどう）
5、給食（きゅうしょく）　6、校庭（こうてい）
7、授業（じゅぎょう）　8、卒業（そつぎょう）
9、担任（たんにん）　10、学習（がくしゅう）

2．交通に関係する熟語

1、新幹線（しんかんせん）　2、地下鉄（ちかてつ）
3、線路　（せんろ）　4、運賃　（うんちん）
5、自動車（じどうしゃ）　6、飛行機（ひこうき）

クイズ（七）－一 145ページ

1．人工　2．登校　3．短所　4．健康
5．消火　6．欠席　7．戦争

クイズ（七）－二 146ページ【漢字のしりとり】

1、料理→理科→科学→学校→校庭
2、訪問→問題→題名→名画→画家
3、星座→座席→席順→順番
4、拡大→大小→小説→説明→明治
5、勇気→気分→分数→数字
6、至急→急用→用事→事故

Ⅰ

1.（こころ） 心 ／ 心臓（しんぞう）

2.（おや） 親 ／ 親切（しんせつ）

3.（みち） 道 ／ 道路（どうろ）

4.（しま） 島 ／ 諸島（しょとう）

5.（いし） 石 ／ 磁石（じしゃく）

6.（て） 手 ／ 選手（せんしゅ）

7.（ゆき） 雪 ／ 除雪（じょせつ）

8.（お） 置く ／ 処置（しょち）

9.（ころ） 転ぶ ／ 運転（うんてん）

10.（み） 見る ／ 意見（いけん）

11.（なら） 習う ／ 練習（れんしゅう）

12.（なが） 流れる ／ 海流（かいりゅう）

13.（うつ） 移る ／ 推移（すいい）

14.（あ） 会う ／ 社会（しゃかい）

15.（き） 決める ／ 解決（かいけつ）

16.（う） 産む ／ 産業（さんぎょう）

17.（つと） 努める ／ 努力（どりょく）

18.（た） 建てる ／ 建築（けんちく）

19.（ふ） 増える ／ 増加（ぞうか）

Ⅱ

1. {面 / 面}：積 ／ 績 — 面—積

2. {専 / 専}：門 ／ 問 — 専—門

3. {職 / 織}：業 — 職—業

4. {義 / 議}：員 — 議—員

5. {末 / 未}：来 — 未—来

Ⅲ

仮 住 板 柱 坂 注	池 湯 他 場 地	付 値 村 植 討
亻 木 氵 土	氵 亻 土	亻 木 言

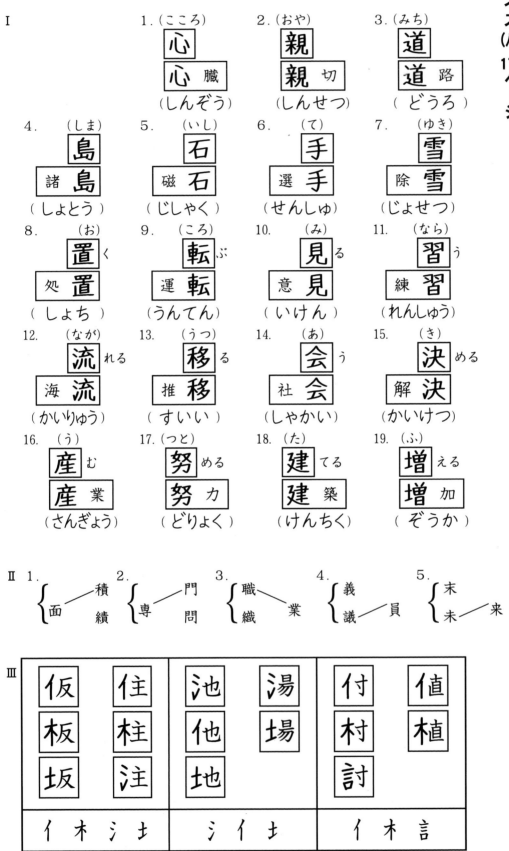